Erfolg – Grundlagen wirtschaftlichen Denkens und Handelns

Arnold Krumm

Erfolg – Grundlagen wirtschaftlichen Denkens und Handelns

Keine Einführung in die BWL

Arnold Krumm
Sulzbach am Main, Deutschland

ISBN 978-3-658-45700-6   ISBN 978-3-658-45701-3 (eBook)
https://doi.org/10.1007/978-3-658-45701-3

Die Deutsche Nationalbibliothek verzeichnet diese Publikation in der Deutschen Nationalbibliografie; detaillierte bibliografische Daten sind im Internet über https://portal.dnb.de abrufbar.

© Der/die Herausgeber bzw. der/die Autor(en), exklusiv lizenziert an Springer Fachmedien Wiesbaden GmbH, ein Teil von Springer Nature 2024

Das Werk einschließlich aller seiner Teile ist urheberrechtlich geschützt. Jede Verwertung, die nicht ausdrücklich vom Urheberrechtsgesetz zugelassen ist, bedarf der vorherigen Zustimmung des Verlags. Das gilt insbesondere für Vervielfältigungen, Bearbeitungen, Übersetzungen, Mikroverfilmungen und die Einspeicherung und Verarbeitung in elektronischen Systemen.
Die Wiedergabe von allgemein beschreibenden Bezeichnungen, Marken, Unternehmensnamen etc. in diesem Werk bedeutet nicht, dass diese frei durch jede Person benutzt werden dürfen. Die Berechtigung zur Benutzung unterliegt, auch ohne gesonderten Hinweis hierzu, den Regeln des Markenrechts. Die Rechte des/der jeweiligen Zeicheninhaber*in sind zu beachten.
Der Verlag, die Autor*innen und die Herausgeber*innen gehen davon aus, dass die Angaben und Informationen in diesem Werk zum Zeitpunkt der Veröffentlichung vollständig und korrekt sind. Weder der Verlag noch die Autor*innen oder die Herausgeber*innen übernehmen, ausdrücklich oder implizit, Gewähr für den Inhalt des Werkes, etwaige Fehler oder Äußerungen. Der Verlag bleibt im Hinblick auf geografische Zuordnungen und Gebietsbezeichnungen in veröffentlichten Karten und Institutionsadressen neutral.

Planung/Lektorat: Claudia Rosenbaum
Springer Gabler ist ein Imprint der eingetragenen Gesellschaft Springer Fachmedien Wiesbaden GmbH und ist ein Teil von Springer Nature.
Die Anschrift der Gesellschaft ist: Abraham-Lincoln-Str. 46, 65189 Wiesbaden, Germany

Wenn Sie dieses Produkt entsorgen, geben Sie das Papier bitte zum Recycling.

Vorwort

Dieses Buch soll bewusst keine Einführung in die allgemeine oder eine spezielle Betriebswirtschaftslehre sein. All diese Bücher sind funktional aufgebaut. Das heißt, sie folgen der Wertschöpfungskette von Prozessen (Einkauf, Lagerhaltung, Material- und Fertigungswirtschaft, Produktion bis zum Vertrieb und Marketing). Diese Prozesse finden sich in Unternehmen, die materielle (Autos) als auch immaterielle Leistungen (Versicherungsschutz) erstellen. Ferner werden die derivativen, also abgeleiteten Funktionen behandelt (Buchführung, Bilanzierung, Personalwesen, Informationstechnik, Organisation usw.). Es handelt sich im Wesentlichen um funktionale Wissensvermittlung. Dies muss jeder Betriebswirt einmal gelernt haben, auch wenn er in seinem ganzen Leben keinen Buchungssatz mehr gliedern oder gar buchen muss. Es ist auch nicht sehr spannend, das zu lernen. Es muss aber sein. Wichtig ist allerdings dann in der Praxis, nicht im funktionalen Klein-Klein zu verharren. Zum Beispiel muss das in der Buchführung und Bilanzierung Gelernte so verarbeitet werden, dass eine Führungskraft auf Anhieb weiß, ob ein Geschäftsvorfall erfolgswirksam ist oder nicht, somit Einfluss auf das Jahresergebnis und damit den Gewinn und die Steuerbelastung hat. Dabei darf man keine „Buchungssätze" mehr im Kopf haben, sondern Bilanz, G&V und betroffene Konten stehen als vereinfachte Kästchen vor den Augen, die sich verlängern – oder verkürzen lassen. Man muss sich dafür seine eigene virtuelle Modellwelt im Kopf schaffen.

Ich habe meine Studenten im ersten Semester alle zwei Wochen mit der Frage terrorisiert: „Was unterscheidet den Akademiker vom Praktiker?"

Die Antwort musste lauten: „Praktiker arbeiten Aufgaben nach Checkliste ab, wie zum Beispiel ein Automechaniker bei der Inspektion. Akademiker können in

Modellen und theorieorientiert denken." Worin liegt nun die Wertschöpfung dieses Buches? Die meisten Menschen können Modelle als solche erkennen. Studenten können Modelle auswendig lernen und bei Bedarf das Erlernte in Prüfungen auch reproduzieren. Selbst Modelle zu entwerfen, fällt vielen Menschen schwer. Die Fähigkeit, komplexe Tatbestände in einfache Strukturen zu zerlegen und die Wirkungsmechanismen darzustellen, fehlt vielen Menschen. Allerdings ist alles erlernbar. Ich habe dazu eigene didaktische Erklärungs- und Lernhilfsmittel entwickelt, die diese Fähigkeit fördern. Im Zentrum steht dabei die Modellpyramide. Das ist ein Modell für das Verständnis von Modellen und die Beziehung verschiedener Modelle zueinander. Ein einfaches Unternehmensmodell dient zum Verständnis von Produktivität, Wirtschaftlichkeit und Rentabilität. Außerdem dient es zum Verständnis der Beziehungen zwischen realer Unternehmenswelt und der virtuellen Welt der Buchführung und Bilanzierung sowie der Geldströme.

Nach diesen unerlässlichen Komponenten der Hard Skills folgt ein Kapitel über Soft Skills. Wenn jemand sein erlerntes Wissen nicht „rüber" bringen kann, um Menschen zu überzeugen oder mitzureißen, wird er immer zum Misserfolg verurteilt sein. Soft Skills gehören nicht zum klassischen Lehrgebiet wirtschaftlicher Komponenten, sondern eher in den Bereich der Psychologie oder Soziologie. Aber für Erfolg sind sie wichtiger als die Hard Skills.

Ein weiteres Kapitel erläutert die Funktionsweise von Einfluss und Macht und deren Wirkungszusammenhänge. Auch dieses Instrument muss man bespielen können, wenn man erfolgreich sein will.

Im letzten Kapitel werden exemplarisch die wichtigsten Realtheorien der Betriebswirtschaftslehre behandelt.

Ich schreibe bewusst in der Ich-Form und in einer populärwissenschaftlichen Art, damit der erzählende Charakter meiner Vorlesungen beibehalten werden kann. Die Inhalte werden auch nicht so nüchtern sein wie bei einer reinen wissenschaftlichen Arbeit. Wenn ich auf Quellen oder Autoren zurückgreife, zitiere ich sie implizit, um mich nicht mit fremden Federn zu schmücken. Auf die Zitierweise, wie sie in einer wissenschaftlichen Publikation erforderlich wäre, verzichte ich. Ich will mit dem Buch auch – und vor allem – interessierte Praktiker erreichen.

Der Leitgedanke dieses Buches ist der gleiche, den ich in meinen Vorlesungen zugrunde gelegt hatte:

▶ **KISS** Keep It Simple and Stupid

Damit deckt man mitunter nicht 100 % der Fälle ab, aber das Grundsätzliche hat man wenigstens verstanden.

Die Wirksamkeit der KISS-Methode wurde mir kurz vor meinem Examen vor Augen geführt. Beim Resümee meiner Volkswirtschaftskenntnisse kam ich leider zum Ergebnis, dass es bestenfalls zu einer Note 5 reicht. Ergo ging ich zum Repetitor und traf dort auf fast alle Examenskandidaten. Der Repetitor, ein kleiner, sehr dicker Mann, legte seine Arme auf seinen Bauch und sagte: „Meine Damen und Herren. Ich kann Ihnen die VWL erklären, sodass Sie es verstehen. Ich bin nämlich kein Volkswirt. VWL ist im Grunde ganz einfach. Es gibt nur 3 Schulen. Die Neoklassik, den Fiskalismus und den Monetarismus. Wenn Sie das verstanden haben und zu allem einige Sätze schreiben können, reicht es zum Bestehen." Er sollte Recht bekommen. Natürlich hat er darüber hinaus noch 12 h Stoff verständlich vermittelt und uns das verständlichste VWL-Buch empfohlen, das ich in meiner Studienzeit in die Hände bekommen habe (Henrichsmeyer, Gans, Evers, Grundlagen der Volkswirtschaftslehre). Die meisten bestanden das VWL-Examen, ich sogar mit einem guten Ergebnis. Entsetzt war ich allerdings darüber, wieso dieser „Nichtvolkswirt" in der Lage war, uns in 12 h mehr beizubringen als die VWL-Profs und Dozenten in 4 Jahren. Sie haben stundenlang Formeln an die Tafel geschrieben, ohne dass für uns ein Sinn oder Zusammenhang mit der realen Welt erkennbar wurde. Dieses Erlebnis hat mich als Lehrer nachhaltig geprägt.

Sulzbach am Main, Deutschland   Arnold Krumm

Über den Autor

„Der Ingenieur ist der Esel, auf dem der Kaufmann von Erfolg zu Erfolg reitet".

Dies war das erste Zitat, das ich hörte, als ich 1970 im Alter von 18 Jahren mit dem Studium der Verfahrenstechnik am Oskar von Miller Polytechnikum in München das Studium begann. Bis dahin hatte ich die Realschule absolviert und ein zweijähriges Praktikum in der Industrie hinter mir. Ich verstand die Welt nicht mehr, denn nach meinem Verständnis waren Ingenieure doch die Baumeister des Fortschritts.

Deshalb studierte ich nach erfolgreichem Abschluss zum Dipl.-Ing. (FH) Betriebswirtschaftslehre an der LMU in München. Das Studium schloss ich 1980 zum Dipl.-Kfm. ab und promovierte in einem Jahr zum Dr. rer. pol.

Es folgte eine achtjährige Tätigkeit bei einem Münchener Versicherungsunternehmen. Dort habe ich, aus der Betriebsorganisation heraus, die Unternehmensplanung aufgebaut und geleitet. Nach vier Jahren wurde ich stellvertretender Leiter des Rechnungswesens mit der Option auf die Leitung. Zeitgleich war ich Alleinvorstand einer kleinen Lebensversicherungsgesellschaft.

1990 wurde ich zum Professor für Allgemeine BWL und Wirtschaftsinformatik an die Fachhochschule Augsburg (heute TH Augsburg) berufen. Dort lehrte ich bis zu meiner Pensionierung.

In diesem „Wissensespresso" habe ich alles vereint, was jemand (vor allem Techniker) wissen muss, der verstehen möchte, wie Wirtschaftler denken und handeln.

Ich bin verheiratet, habe 2 Töchter und 3 Enkelkinder. Wir leben in der Nähe von Aschaffenburg, im Nordwesten Bayerns.

Inhaltsverzeichnis

1 Einordnung der Betriebswirtschaft 1
   1.1   Ist die Betriebswirtschaft eine Wissenschaft?................. 2
   1.2   Das Selbstverständnis der Betriebswirtschaft................. 5
   1.3   Strukturierung der Betriebswirtschaftslehre 7

2 Modelldenken 15
   2.1   Die Modellpyramide (ein Modell für alle Modelle)............. 15
   2.2   Einfaches Unternehmensmodell........................... 21
   2.3   Produktivität, Wirtschaftlichkeit und Rentabilität.............. 28
   2.4   Weiterentwickelte Unternehmensmodelle 35
   2.5   Bilanz, G&V und doppelte Buchhaltung 37

3 Globalsteuerungsansätze 47
   3.1   Shareholder Value 47
   3.2   Stakeholder Value 51

4 Soft Skills 57
   4.1   Kommunikation.. 60
   4.2   Führung.. 63
   4.3   Teamfähigkeit 66
   4.4   Emotionale Intelligenz 67
   4.5   Problemlösungsfähigkeiten............................... 67

5 Die Grundlagen von Macht und Einfluss 69
   5.1   Machtbasen... 69
   5.2   Koalitionsmodelle 72

6	**Betriebswirtschaftliche Realtheorien**	75
6.1	Economies of Scale (Skaleneffekte)	75
6.2	Produktlebenszykluskurve	77
6.3	Portfolioanalyse	78
6.4	Die PIMS-Studie (Profit Impact of Market Strategies)	81
7	**Resümee**	83
8	**Bedenksprüche**	85

Abbildungsverzeichnis

Abb. 1.1	Die Einordnung der Betriebswirtschaft in die Wissenschaften. (Quelle: eigene Abbildung in Anlehnung an Weber et al.)	2
Abb. 1.2	Luca Pacioli auf der 500-Lire-Münze. (Quelle: „Luca Pacioli", Wikipedia, bgvr 11.12.2005. Veröffentlicht unter der Creative Commons-Lizenz CC BY-SA 3.0: https://creativecommons.org/licenses/by-sa/3.0/legalcode)	5
Abb. 1.3	Das Selbstverständnis der Betriebswirtschaft als Lichtkegel. (Quelle: eigene Grafik in Anlehnung an Werner Kirsch)	7
Abb. 1.4	Gälweilers Vorsteuergrößenkonzept. (Quelle: Gälweiler Aloys, Grundlagen der strategischen Unternehmensführung, Vortrag beim WIV-Kongresses 1982 am 11. Juni 1982 im Grazer Congress)	11
Abb. 1.5	Strukturierungsmöglichkeiten der Betriebswirtschaftslehre. (Quelle: eigene Grafik)	13
Abb. 2.1	Das einfache IPO-Modell. (Quelle: eigene Grafik)	16
Abb. 2.2	Die Modellpyramide. (Quelle: eigene Grafik)	16
Abb. 2.3	Die SAP-Aufbaustruktur innerhalb der Modellpyramide. (Quelle: eigene Grafik)	19
Abb. 2.4	Die Supply Chain (Wertschöpfungskette). (Quelle: Waibel, Käppeli 2010, in Anlehnung an Porter)	20
Abb. 2.5	Die Prozessdifferenzierung. (Quelle: Waibel, Käppeli 2010)	20
Abb. 2.6	Die Modellpyramide für Prozesse. (Quelle: eigene Grafik)	21
Abb. 2.7	Das IPO-Modell. (Quelle: eigene Grafik)	22

Abb. 2.8	Die ersten 2 Ebenen des internen Unternehmensmodelles. (Quelle: eigene Grafik)	24
Abb. 2.9	Die gleiche Darstellung in einer etwas populäreren Form. (Quelle: eigene Grafik)	25
Abb. 2.10	Einfachstes Modell für Gewinn- oder Verlustsituation. (Quelle: eigene Grafik)	25
Abb. 2.11	Das komplette interne Unternehmensmodell. (Quelle: eigene Grafik)	27
Abb. 2.12	Die Produktivität. (Quelle: eigene Grafik)	28
Abb. 2.13	Die Wirtschaftlichkeit. (Quelle: eigene Grafik)	29
Abb. 2.14	Interdependenzen zwischen Produktivität und Wirtschaftlichkeit. (Quelle: eigene Grafik)	30
Abb. 2.15	Bilanzstruktur. (Quelle: eigene Grafik)	31
Abb. 2.16	Erweitertes Unternehmensmodell. (Quelle: eigene Grafik in Anlehnung an „den Wöhe")	36
Abb. 2.17	Abstrakte Bilanzdefinition. (Quelle: eigene Grafik)	41
Abb. 2.18	Abstrakte Bilanzbeschreibung. (Quelle: eigene Grafik)	41
Abb. 2.19	Jahresüberschuss in G&V und Bilanz. (Quelle: eigene Grafik)	43
Abb. 2.20	Ausgeglichene G&V und Bilanz. (Quelle: eigene Grafik)	43
Abb. 3.1	Die Verteilung der Hidden Champions auf der Welt (Stand 2020). (Quelle: https://www.iwd.de/artikel/hidden-champions-die-starken-aus-der-zweiten-reihe-424550/)	54
Abb. 4.1	Ein einfaches Kommunikationsmodell. (Quelle: eigene Grafik)	61
Abb. 4.2	Ein erweitertes Kommunikationsmodell. (Quelle: eigene Grafik)	61
Abb. 4.3	Das Entity-Relationship-Modell für Führungsbeziehungen. (Quelle: eigene Grafik)	64
Abb. 4.4	Das Managerial Grid der wichtigsten Führungsstile. (Quelle: Robert R Blake & Jane Mouton-Schreyögg, G/Koch, J: Grundlagen des Managements, Wiesbaden, 2009, Seite 270)	65
Abb. 6.1	Die Erfahrungskurve für Dampfturbinengeneratoren (1946–1963). (Quelle: The Boston Consulting Group (BCG) 1975)	76
Abb. 6.2	Die fünf Phasen des Produktlebenszyklus. (Quelle: Ursprünglich entwickelt von Raymond Vernon, *International Investments and International Trade in the Product Life Cycle*, in: Quarterly Journal of Economics 80 (2), 1966, S. 190–207)	77

Abb. 6.3	Die ersten vier Phasen des Produktlebenszyklus (PLZ) mit Charakteristika. (Quelle: in Anlehnung an Bagozzi/Rosa/Celly/Coronel (2000, S. 537–538)).	78
Abb. 6.4	Die Portfolioanalyse (Vier-Felder-Matrix). (Quelle: in Anlehnung an Bagozzi/Rosa/Celly/Coronel (2000, S. 537–538))	79
Abb. 6.5	Eine populäre Darstellung der Portfolioanalyse. (Quelle: https://www.controllingportal.de/Fachinfo/Grundlagen/Portfolio-Analyse-Vier-Felder-Matrix.html).	80
Abb. 6.6	Human-Resources-Portfolio. (Quelle: Dietmar Vahs/Jan Schäfter-Kunz, Einführung in die Betriebswirtschaftslehre, Seite 142)	81

Einordnung der Betriebswirtschaft 1

Die Betriebswirtschaftslehre (i. f. häufig BWL) ist eine recht junge Lehre oder Wissenschaft an den Hochschulen. Handel getrieben wurde natürlich schon so lange, wie es intelligente Menschen gibt. Wir erinnern uns daran, wie Jesus die Geldhändler aus dem Tempel vertrieben hat. Es waren Kaufleute, deren Handelsware Geld war. In noch früherer Zeit besaß man kein Geld als Tauschobjekt, sondern nutzte Steine oder andere Naturalien. Es dauerte bis zum 19. Jahrhundert, als die ersten Handelshochschulen oder Wirtschaftsfakultäten in den Universitäten entstanden. Vorreiter war dabei Deutschland. Man fing an, sich mit wissenschaftlichen Methoden und solchen Fragen zu beschäftigen wie:

- Wie funktioniert ein Unternehmen?
- Wie kann ich feststellen, ob ein Unternehmen rentabel ist?
- Wie kann ich ein Unternehmen rentabler machen?
- Was kann oder muss ich für meine Mitarbeiter tun? Und noch vieles mehr.

Es gab in dieser Zeit Professoren, die sich weigerten, diese Lehre als „Wissenschaft" zu bezeichnen. Man findet Bezeichnungen wie: „Kaufmännische Handelslehre" oder „Handelskunst". Eugen Schmalenbach, der als einer der Begründer der Betriebswirtschaftslehre gilt, lehnte die Habilitationsschrift von Fritz Nordsieck ab, mit der Begründung, sie sei zu wissenschaftlich. Somit blieb Nordsieck der Zugang zu einem Lehrstuhl verwehrt, obwohl er im Nachhinein als einer der bedeutendsten Organisationstheoretiker galt.

© Der/die Autor(en), exklusiv lizenziert an Springer Fachmedien Wiesbaden GmbH, ein Teil von Springer Nature 2024
A. Krumm, *Erfolg – Grundlagen wirtschaftlichen Denkens und Handelns*, https://doi.org/10.1007/978-3-658-45701-3_1

1.1 Ist die Betriebswirtschaft eine Wissenschaft?

Um sich selbst die Frage zu beantworten, ob die BWL eine Wissenschaft ist oder nicht, schauen wir uns das Strukturschaubild der gesamten Wissenschaften an (Abb. 1.1).

Diese oder ähnliche Schaubilder finden sich implizit oder explizit in vielen Büchern. Es ist eine logische Morphologie, auf die niemand ein Urheberrecht erheben kann. Das gleiche Schaubild findet sich bei: Weber, Kabst, Baum, in: Einführung in die Betriebswirtschaftslehre, im Kapitel: „Gegenstand der Betriebswirtschaftslehre".

Auf der obersten Stufe wird unterschieden in „metaphysische Wissenschaften" und „nicht metaphysische Wissenschaften".

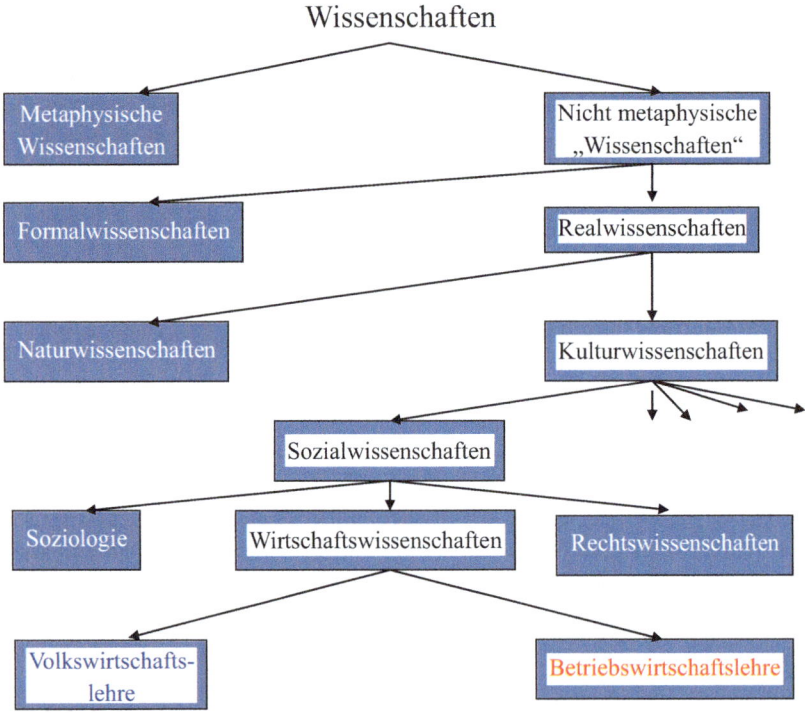

Abb. 1.1 Die Einordnung der Betriebswirtschaft in die Wissenschaften. (Quelle: eigene Abbildung in Anlehnung an Weber et al.)

Meta bedeutet so viel wie „über" oder „auf einer höheren Stufe". Physisch heißt so viel wie „körperlich" oder „das Körperliche" betreffend. Metaphysisch ist somit alles, was man nicht sieht, nicht begreifen (im Sinne von Anfassen) und auch nicht einer empirischen Überprüfung unterziehen kann. Klassisches Beispiel dafür ist die Religion oder Theologie. Die Existenz Gottes kann man nicht nachweisen. Man kann ihn nicht sehen oder anfassen. Im wahrsten Sinne des Wortes befindet man sich im Bereich des Glaubens. Während Karl Popper (der geistige Vater des „Kritischen Rationalismus", einer modernen wissenschaftstheoretischen Denkrichtung) die Metaphysik explizit als „unwissenschaftlich" ausschloss, war Immanuel Kant Hochschullehrer, unter anderem für Metaphysik. Es gibt auch noch andere Bereiche, die man hier nennen könnte, wie z. B. die Esoterik oder Geisterwesen.

Negativ definiert kann man sagen, dass alles, was nicht in den Bereich der metaphysischen Wissenschaften gehört, somit zu den „nicht metaphysischen Wissenschaften" gehört. Positiv definiert sind alle Dinge, die eine empirische Überprüfung erlauben, im Sinne von Karl Popper „Wissenschaften". Nach Karl Popper ist nur das wissenschaftlich, was widerlegt (falsifiziert) oder bewährt (validiert) werden kann. Auf der nächst tieferen Stufe haben wir links die Formalwissenschaften und rechts die Realwissenschaften. In einigen Büchern (vor allem, wenn sie von Mathematikern geschrieben wurden) steht hier anstatt „Formalwissenschaften" „Idealwissenschaften". Formalwissenschaften erfüllen das Postulat der empirischen Überprüfung auch nicht, sie sind aber nicht metaphysisch. Sie existieren per Definition von Menschen. Klassisches Beispiel ist die Mathematik. 1 und 1 ist nicht 2, weil die Natur es so will, sondern weil Menschen es so festgelegt haben. Die Ziffernfolge 0 bis 9, die Dekade als Grundlage unserer Mathematik, die mathematischen und logischen Operatoren sind das Grundgerüst unserer Mathematik. Man kann in den Formalwissenschaften keine Hypothesen formulieren, die man dann in der Realität überprüft. Und genau das ist der Unterschied zu den Realwissenschaften.

In den Realwissenschaften kann man Hypothesen formulieren, die man dann in der Realität überprüft. Eine Hypothese ist eine „Wenn-dann-Aussage", die auch mit einem stochastischen Gehalt (einer Wahrscheinlichkeit) versehen sein kann.

Beispiel: Wenn ich den Motor so oder so verändere, dann wird er mehr Leistung erbringen. Das kann geprüft werden. Ich kann aber auch sagen: Wenn ich den Motor so oder so verändere, dann wird er mit 90 % Wahrscheinlichkeit mehr Leistung bringen. In diesem Fall lassen sich die Tatsache an sich (mehr Leistung), als auch die Wahrscheinlichkeit überprüfen. Die Hypothesen lassen sich immer differenzierter formulieren. Wir sind somit im Bereich der modernen Wissenschaften angekommen.

Die Naturwissenschaften auf der linken Seite kann man als „harte" Wissenschaften bezeichnen, während die Kulturwissenschaften eher „weiche" Wissenschaften sind. Meistens werden die Anglizismen wie „Soft sciences" verwendet. Ein Beispiel erläutert das besser. Während es einem Joghurtproduzenten ausreicht, mit einer Wahrscheinlichkeit von 70 % einen höheren Absatz nach einer Geschmacksveränderung zu erzielen, wird kein Mensch in einem Raumschiff zum Mond fliegen wollen, wenn die Wahrscheinlichkeit, den Mond zu treffen, nur 70 % beträgt. Der technische Stand unserer Gesellschaft ist dem enormen Fortschritt der Naturwissenschaften zu verdanken.

Natürlich gehört die Betriebswirtschaft nicht zu den Naturwissenschaften, sondern als Sozialwissenschaft zu den Kulturwissenschaften. Sozialwissenschaften beschäftigen sich im weitesten Sinne mit den Menschen. Es stehen immer die Menschen im Zentrum des Interesses. Die Regeln, die sich die Menschen gegeben haben (Rechtswissenschaften), ihr intrinsisches Verhalten (Soziologie oder Psychologie) oder das Funktionieren ihrer wirtschaftlichen Lebensgrundlagen (Wirtschaftswissenschaften). Hier wird nun noch unterschieden in Volkswirtschaftslehre und Betriebswirtschaftslehre. Es gibt gewisse Überschneidungen. Aber im Großen und Ganzen kann man sagen, dass die Volkswirtschaftslehre sich damit auseinandersetzt, wie Staaten wirtschaftlich funktionieren. Das gilt sowohl nach innen als auch nach außen im Verhältnis zu anderen Staaten oder Staatenverbunden.

Die Betriebswirtschaftslehre hat das Funktionieren eines einzelnen Unternehmens im Fokus ihres Interesses. Der Begriff „Unternehmen" ist ein Überbegriff und schließt die gesamte Palette vom Einzelunternehmen bis zum Weltkonzern ein. Als Betrieb wird eine räumlich-technisch-soziale Einheit bezeichnet, die der Leistungserstellung dient. Das kann eine Fabrik sein, ein Fabrikkomplex oder auch ein Büro. Ein Unternehmen kann aus mehreren Betrieben bestehen, ein Betrieb aber nicht aus mehreren Unternehmen. Eine Firma ist der Handelsname, unter dem ein Kaufmann sein Unternehmen betreibt. Das kommt vom lateinischen firmare und meint im Wesentlichen die Unterschrift. Man kann somit zwar in einen Betrieb gehen (oder in ein Büro oder in eine Fabrik), aber nicht in eine Firma. Die Redewendung „Ich gehe in die Firma" ist linguistisch und juristisch falsch, obwohl Firma umgangssprachlich häufig mit Unternehmen gleichgesetzt wird. Aber wir sagen auch Platzangst zu Klaustrophobie, obwohl Klaustrophobie das Gegenteil von Platzangst ist.

Nun haben wir die Einordnung der Betriebswirtschaftslehre in das Wissenschaftsgebäude entwickelt. Als Nächstes wollen wir uns das Selbstverständnis der BWL entwickeln.

1.2 Das Selbstverständnis der Betriebswirtschaft

Ich nehme das Ergebnis vorweg und erläutere es anschließend inhaltlich.

▶ Die Betriebswirtschaftslehre betrachtet sich als angewandte Sozialwissenschaft, die aus allen benachbarten sozialwissenschaftlichen Bereichen das in ihr Lehrgebiet aufnimmt, was sie zur Erklärung und Gestaltungsempfehlung für das Führen von Unternehmen benötigt.

Sie ist kein autarkes Wissenschaftsgebilde, das sich konturenscharf zu den Nachbarwissenschaften abgrenzt. Im Gegenteil. Es gibt kaum Bereiche, die der BWL ein „Alleinstellungsmerkmal" aufprägen. Am ehesten zu nennen ist hier noch die „Buchführung und Bilanzierung". Das findet man außer in der Betriebswirtschaftslehre in keinem anderen Wissenschaftsbereich. Die doppelte Buchführung mit ihren Periodenabschlüssen ermöglichte es Kaufleuten erst festzustellen, ob sie Gewinn oder Verlust machten, auch unterjährig den Geschäftsverlauf zu prüfen und gegebenenfalls gegenzusteuern (Controlling i. e. S. würde man das heute nennen). Die doppelte Buchführung, die Johann Wolfgang von Goethe einst als einziges geschlossenes System bezeichnet hat, welches er kennt, wurde in Italien entwickelt. In Geschichtsbüchern, vorwiegend in Italien, wird der Franziskanermönch Luca Pacioli gern als „Erfinder" der doppelten Buchführung gefeiert. Man widmete ihm sogar eine Darstellung auf einer 500-Lire-Münze (Abb. 1.2).

Als Mönch hatte er gar keinen Bedarf an einer doppelten Buchführung. Er unterrichtete in der Klosterschule – unter anderem Mathematik – und zu diesem Zweck verfasste er ein Mathematikbuch, in dem er auch als Erster eine detail-

Abb. 1.2 Luca Pacioli auf der 500-Lire-Münze. (Quelle: „Luca Pacioli", Wikipedia, bgvr 11.12.2005. Veröffentlicht unter der Creative Commons-Lizenz CC BY-SA 3.0: https://creativecommons.org/licenses/by-sa/3.0/legalcode)

lierte Beschreibung der doppelten Buchführung vorlegte. Darauf geht sein Ruhm zurück. In der Geschichte ist es häufig so, dass denen, die als Erste über etwas schreiben, der Ruhm des Entwickelns oder Erfindens zuteilwird. Auch Adam Smith hat in seinem Werk „Wealth of Nations" als Erster ausführlich über die Marktwirtschaft geschrieben. Auch er hatte, wie Luca Pacioli, Vordenker. Entwickelt wurde die doppelte Buchführung höchstwahrscheinlich schon früher von venezianischen Kaufleuten. Die doppelte Buchführung ermöglichte es ihnen, die vollständige Kontrolle über ihren Geschäftsverlauf und das Ergebnis zu erhalten und zu behalten. Nicht zuletzt deshalb wurden die venezianischen Kaufleute so unermesslich reich. Man kann den Reichtum am besten ermessen, wenn man sich ihre „Wochenendhäuser" am Brenta-Kanal zwischen Venedig und Padua ansieht. Hier steht ein Schloss neben dem anderen, in Dimensionen, die Königen gut zu Gesicht stehen würden. Dass sich in Venedig Geheimnisvolles tat, hat sich auch anders wohin rumgesprochen. So weilte auch Jacob Fugger (der einige Jahre später der reichste Mann der Welt werden sollte) in Venedig, um sich die doppelte Buchführung anzueignen. Auch sein späterer Chefbuchhalter (heute würde man sagen, er war auch Chefcontroller und Vertrauter der Familie Fugger) Matthäus Schwarz war als junger Mann in Venedig. 1518 schrieb er die erste Anleitung zur doppelten Buchführung in Deutschland. Im Übrigen gehen auf Matthäus Schwarz Begriffe wie „Schwarzgeld", „Schwarzbuch" und „Schwarzkonto" zurück.

Die anderen Lehrgebiete, die zum klassischen Repertoire der Betriebswirtschaft gehören, sind Lehensbereiche aus anderen Sozialwissenschaften. Dies gilt natürlich teils mehr, teils weniger. Im Fall der Finanzwirtschaft ist es eher weniger entlehnt, im Fall der Jurisprudenz ist es eher mehr. Auch ein Kaufmann muss grundlegende Kenntnisse über Vertragsrecht (Privatrecht), Arbeitsrecht und öffentliches Recht besitzen. Vom Strafrecht oder der Strafprozessordnung muss er nichts verstehen. Er benötigt grundlegende Kenntnisse der Volkswirtschaftslehre, um seine strategischen Planungen an Veränderungen des gesamtwirtschaftlichen Umfeldes anzupassen. Führung ist zielgerichtetes Beeinflussen von Menschen. Um Menschen im Unternehmen beeinflussen zu können, benötigt der erfolgreich „Führende" Kenntnisse in Psychologie und Soziologie oder intrinsische Fähigkeiten, wie sie in den „Soft Skills" vermittelt werden. Prof. Werner Kirsch hat in seiner Vorlesung eine grafische Paraphrase zur Verdeutlichung dieser Situation verwendet. Er hat die Betriebswirtschaftslehre als Scheinwerfer dargestellt, der seinen Lichtkegel durch die benachbarten Sozialwissenschaftsgebiete richtet (Abb. 1.3). Die mehr oder weniger großen ausgeleuchteten Gebiete stellen die Bereiche dar, die die BWL in ihr Lehrgebäude einbezieht und somit entlehnt.

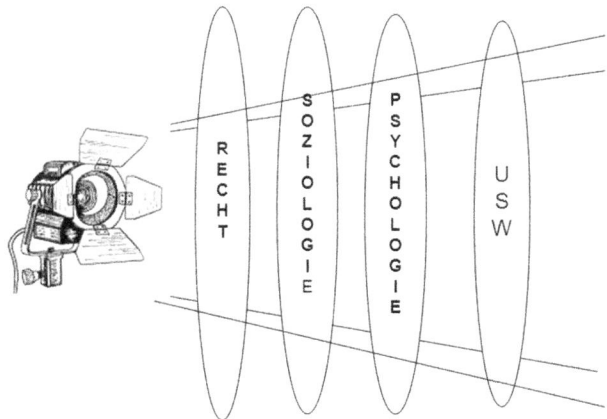

Abb. 1.3 Das Selbstverständnis der Betriebswirtschaft als Lichtkegel. (Quelle: eigene Grafik in Anlehnung an Werner Kirsch)

> **Exkurs: Management**
> In den vergangenen Jahrzehnten haben sich immer mehr Anglizismen durchgesetzt und es klingt vermeintlich moderner, vom Management zu sprechen als von der Unternehmensführung, vom Managen als vom Führen. Aber auch in der englischen Sprache sind sehr viele Ausdrücke Lehenswörter. So hat das Wort Management seinen Ursprung im Lateinischen und stammt von „manus agere", an der Hand führen (geleiten). Da ich Führung als zielgerichtete Beeinflussung von Menschen definiere, gefallen mir die deutschen Ausdrücke „Unternehmensführung" und „Führung" besser als Management oder managen.

1.3 Strukturierung der Betriebswirtschaftslehre

Es gibt Hunderte Bücher mit dem Titel: „Einführung in die allgemeine Betriebswirtschaftslehre" oder „Grundlagen der allgemeinen Betriebswirtschaft". Da drängt sich die Frage auf: Wenn es eine allgemeine Betriebswirtschaft gibt, gibt es dann auch eine, die nicht allgemein ist? Ja, es gibt sogar mehrere und die nennen sich dann „spezielle Betriebswirtschaftslehren".

Das steht auf den Büchern allerdings nicht drauf, sondern sie heißen dann z. B.: Industriebetriebslehre, Bankbetriebslehre oder Versicherungswirtschaftslehre. Worin unterscheiden sie sich? Es gibt eine ganze Menge an verschiedenen Sparten in einer diversifizierten Volkswirtschaft. Es gibt Regelungen, die gelten für alle

Sparten, und Regelungen, die gelten nur für einzelne Sparten. Allgemeine Regelungen finden sich zum Beispiel im Handelsgesetzbuch (HGB). Diese Regelungen (etwa die Bilanzierungsvorschriften) finden auch Eingang in die Allgemeine Betriebswirtschaftslehre. Aufbauend auf den Vorschriften des HGB gibt es Bilanzierungsvorschriften, die nur für bestimmte Sparten gelten. Die BaFin (Bundesanstalt für Finanzdienstleistungsaufsicht) ist eine Behörde des Bundes, die im weitesten Sinne für Banken und Versicherungen zuständig ist. Sie beaufsichtigt diese Unternehmen aber nicht nur, sie sanktioniert sie auch und vor allem erlässt sie Handlungs- und Verhaltensrichtlinien, die für die betroffenen Unternehmen „Gesetz" sind. Die BaFin respektive ihre Vorgängerbehörden haben so auch die Bilanzierungsrichtlinien für Banken und Versicherungen festgelegt und überwachen deren Einhaltung. So kommt es, dass Bilanzen von Banken und Versicherungen sich inhaltlich deutlich von denen in Handels- oder Produktionsunternehmen unterscheiden.

Natürlich stehen auch bei Banken und Versicherungen in der Bilanz die Aktiva links und die Passiva rechts. Mit Soll und Haben verhält es sich analog. Schließlich bauen die Regelungen auf denen des HGB auf. Unterhalb dieser „Oberbegriffe" gibt es große Unterschiede. So findet sich zum Beispiel in den Bilanzen der Sachversicherungsunternehmen in den Passiva der Posten „Schwankungsrückstellungen". Diesen gibt es in keiner anderen Sparte und die Vorgabe zur Berechnung der Schwankungsrückstellung der BaFin ist ein richtiges Buch und eine kleine Wissenschaft für sich. Bei Sachversicherungen muss die Gewinn- und Verlustrechnung für jede Sparte separat erstellt werden. Die spartengerechte Kostenzuordnung ist dabei ein Problem, das man in anderen Unternehmen nicht kennt. Dort orientiert man sich an Produkten oder Produktgruppen, somit den Kostenträgern.

Je nachdem, wie prägnant die Branchenunterschiede ausgeprägt sind, gibt es auch spezielle Betriebswirtschaftslehren. Für Banken und Versicherungen gibt es in Deutschland sogar eigene Fachhochschulen und Studiengänge an den Universitäten. Für andere Sparten, wie zum Beispiel Tourismus oder Handel, gibt es eigene Schwerpunkte, Studiengänge oder Masterstudiengänge innerhalb der wirtschaftlichen Studienfakultäten. Die Besonderheiten sind hier nicht so ausgeprägt und liegen eher im Bereich Vertrieb oder Marketing. Dies gilt auch für spartenübergreifende Spezialisierungen wie Steuern oder Revisions- und Treuhandwesen. Diese Ausbildungsgänge sind in der Regel in die wirtschaftlichen Ausbildungsgänge integriert.

Resümierend stelle ich fest, dass eine Dimension einer betriebswirtschaftlichen Morphologie die **institutionelle Gliederung (Sparte)** ist.

Eine weitere Dimension ist der genetische Aspekt, mit dem man Unternehmen betrachten kann. Der Begriff „genetisch" stammt aus dem Griechischen und bedeutet recht frei interpretiert so viel wie „Mit dem Werden beschäftigen". Es geht somit um das Unternehmen auf der Zeitachse. Alles hat ein Gestern, ein Heute und ein Morgen. Dies klingt zunächst trivial, ist es aber nicht. Wer sich nicht mit der Geschichte (dem Gestern) befasst, kann die Gegenwart oft nicht verstehen. Ich wurde oft von Studierenden gefragt, warum die IT-Welt in den Unternehmen so heterogen ist. Es gibt Supercomputer, Mainframe-Computer und Client-Serverwelten, die sich untereinander nicht verstehen. Man muss viel Aufwand betreiben, diese Systeme – zumindest nach außen hin – als kompatibel darzustellen. Das hat historische Gründe, die nicht revidierbar sind. Würde man auf der grünen Wiese die IT-Welt neu erschaffen, würde sie ganz anders aussehen. Ich spreche hier von einer Entwicklung der letzten 70 Jahre. Kulturelle Entwicklungen dauern oft Jahrtausende. Es ist ratsam, Mitarbeiter, die man aus Europa nach Asien (speziell China) schickt, erst einmal in ein interkulturelles Training zu schicken, damit sie nicht von einem Fettnäpfchen ins andere treten. Die falsche Blume (oder die falsche Farbe der Blumen) für die Ehefrau des Vertragspartners oder die europäisch ignorierte Visitenkarte des Geschäftspartners kann Millionengeschäfte vernichten.

Das ist der eine Aspekt der Vergangenheitsbetrachtung in Unternehmen. Der andere, unternehmensspezifischere, ist Kontrolle. Unternehmen wurschteln nicht einfach so dahin (sollten sie zumindest nicht), sondern sie planen. Um für zukünftige Planungsprozesse Input zu erhalten, muss man das Erreichte und das Geplante gegenüberstellen (Kontrolle), Abweichungen hinterfragen und daraus Lehren für zukünftige Planungsprozesse ziehen. Dies ist der unternehmensspezifischste Aspekt der Vergangenheitsbetrachtung.

Die Mitte der Zeitachse ist das Jetzt und Heute. Darauf ist natürlich das Hauptaugenmerk gesetzt. Konkrete Aufträge (Projekte) müssen erledigt werden. Treten Abweichungen auf, muss gegengesteuert werden. Entweder automatisch oder per manuellem Eingriff. Dies gilt sowohl für Mikroprozesse als auch für Makroprozesse, wobei man sich bei Makroprozessen der Technik des Projektmangements bedient.

Die andere Seite der Zeitachse betrifft die Zukunft. Die Tätigkeit zur aktiven Gestaltung der Zukunft heißt Planung. Die wichtigste Aufgabe eines jeden Managers ist es, in seinem Verantwortungsbereich den bestmöglichen Beitrag zur Gestaltung des zukünftigen Erfolges zu leisten.

Exkurs: Planung
Von Nichtwirtschaftlern hört man häufig den dummen Spruch: „Planung bedeutet, den Zufall durch den Irrtum zu ersetzen." Das entspringt dem typischen Blockadedenken von „Verwaltern" und erinnert mich an ein Erlebnis, das ich als taxifahrender Doktorand einmal hatte. Ich fuhr eine lange Strecke mit – wie ich später erfuhr – zwei Vorstandsmitgliedern eines deutschen Weltkonzerns. Sie unterhielten sich über Leitende Angestellte in ihrem

> Unternehmen und sie teilten sie ein in „Unternehmer" und „Unterlasser" (Verwalter). Unternehmer (heute würde man eher den Ausdruck Manager benutzen) waren die, welche aktiv und ohne Anstoß von außen an der Gestaltung der Zukunft mitarbeiteten. Das waren die Leute mit Potenzial und Zukunft. Verwalter waren solche, die nur erhaltene Aufträge ausführten. Personen, von denen man den o. g. Spruch zu hören bekam, wenn es um das aktive Gestalten der Zukunft ging. Das waren in ihren Augen die Unterlasser ohne Zukunft, von denen man sich trennen sollte, wenn es denn möglich war.

Planungsprozesse werden in Bezug auf ihren Wirkungshorizont pragmatisch eingeteilt in Kurzfristplanung, Mittelfristplanung und Langfristplanung. Der jeweilige Zeithorizont beträgt 1 Jahr, 3 Jahre und alles, was darüber liegt. Der deutsche Ausdruck „Langfristplanung", der von dem genialen deutschen Planungspraktiker- und -theoretiker Prof. Dr. Aloys Gälweiler geprägt wurde, ist durch den angloamerikanischen Ausdruck „Strategische Planung" ersetzt worden. Gälweiler war Leiter der Planungsabteilung bei BBC in Mannheim und Dozent an mehreren Universitäten und Fachhochschulen in Deutschland und der Schweiz. Er hat bahnbrechende Werke zu Planung und Langfristplanung geschrieben und ist zu Unrecht fast in Vergessenheit geraten (er war auch jung verstorben). Autoren der Wirtschaftsuniversität St. Gallen (eine private Eliteuniversität in der Schweiz) haben seine Hauptwerke überarbeitet und als Replikate auf den Markt gebracht. Mehr Auszeichnung geht nicht. Den Zusammenhang zwischen den Planungsfristen (kurz – mittel – lang) und den betriebswirtschaftlichen Steuerungsgrößen, Orientierungsgrundlagen und Aufgabenbereichen hat niemand besser dargestellt als Gälweiler in seinem „Vorsteuergrößenkonzept" (Abb. 1.4).

Die ELC Consulting GmbH hat in einem e-Learning-Video dieses Konzept auf Youtube sehr anschaulich entwickelt und erläutert: https://www.youtube.com/watch?v=I7eCwzTf1qs&t=6s.

Man kann den Fristenzusammenhang auch anhand einfacher Beispiele erläutern. Nehmen wir einen Obstbauern, der vom Verkauf von Kirschen lebt. Kurzfristig muss er zusehen, dass er Bienen in seiner Plantage hat, wenn die Bäume blühen, er muss verhindern, dass Vögel ihm die Ernte stehlen, der Boden nicht austrocknet und er genügend Arbeitskräfte für die Ernte hat. Mittelfristig hat er dafür zu sorgen, dass er genügend Absatzmärkte hat, der Boden und die Bäume gesund bleiben und er muss seine Konkurrenz und seine Kunden beobachten. Langfristig muss er –

1.3 Strukturierung der Betriebswirtschaftslehre

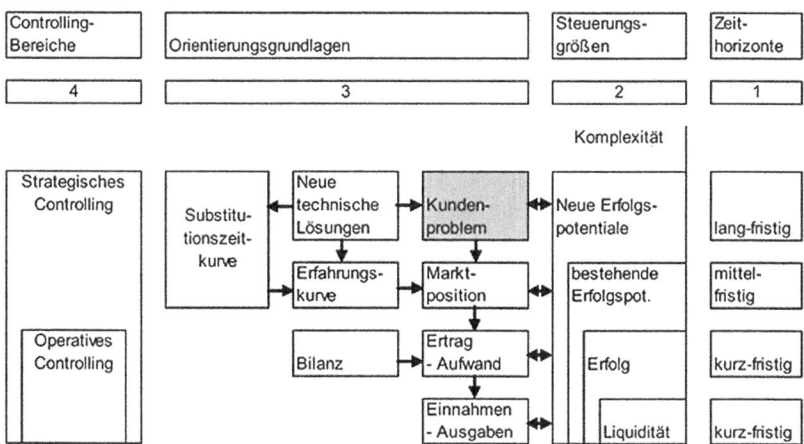

Abb. 1.4 Gälweilers Vorsteuergrößenkonzept. (Quelle: Gälweiler Aloys, Grundlagen der strategischen Unternehmensführung, Vortrag beim WIV-Kongresses 1982 am 11. Juni 1982 im Grazer Congress)

wenn er auch noch in 20 Jahren vom Verkauf von Kirschen leben möchte – heute bereits neue Bäume pflanzen, die dann in 20 Jahren hinreichend Früchte tragen. Auch Bäume haben ein begrenztes Lebensalter. Langfristig muss er aber auch beobachten, ob sich der Kundengeschmack nicht verändert, und er muss heute Pfirsichbäume pflanzen, wenn er in 20 Jahren Pfirsiche verkaufen möchte. Je langfristiger eine Planung ist, desto unsicherer wird sie natürlich. Plant der Obstbauer allerdings nicht langfristig, sondern lebt nur in den Tag hinein, werden eines Tages seine Bäume tot sein und er hat seine Lebensgrundlage verloren.

Das lässt sich natürlich auch auf eine so einfache Weise auf einen Autoproduzenten übertragen. Kurzfristig muss er zusehen, dass die Bestellungen abgearbeitet werden können, dass die Zulieferteile just in time am richtigen Ort sind und die Logistik zum Händler funktioniert. Mittelfristig muss er sich überlegen, welche Modelle in welchen Motorvarianten gebaut werden sollen. Langfristig muss er sich die Frage stellen, ob es in 20 Jahren noch die gleiche Art der Mobilität geben wird, ob der Verbrennungsmotor noch zeitgemäß ist oder ob man nicht besser in Wasserstoffantriebe und autonomes Fahren investieren sollte. Die strategischen Fragen haben mit der Innovationsfähigkeit der Unternehmen zu tun. Neue Erfolgspotenziale, wie Gälweiler es nennt. Die Innovationsfähigkeit ist das Herzstück für die Zukunftsfähigkeit von Unternehmen. Ohne den kreativen Geist von Steve Jobs wäre Apple als Unternehmen nie groß geworden. Durch seine geradezu manisch getriebene innovative Kraft wurde es in sehr kurzer Zeit das höchst bewertete Unternehmen der Welt.

Resümierend stelle ich fest, dass die 2. Dimension einer betriebswirtschaftlichen Morphologie der **Genetische Aspekt** ist.

Das 3. wesentliche Gliederungskriterium ist die Funktionalität. An ihr orientieren sich die meisten betriebswirtschaftlichen Studiengänge. Sie bilden gewissermaßen den Fächerkanon während des Studiums. Auch die Berufsbezeichnungen oder -zuordnungen orientieren sich an der Funktionalität. Niemand, der Betriebswirtschaft studiert hat, wird sich als Betriebswirtschaftler bezeichnen oder sagen, dass er in der Betriebswirtschaft arbeitet. Man ist Personalreferent oder man arbeitet im Personalwesen, ist Marketingler oder arbeitet im Marketing. Heute heißen diese Bereiche allerdings Human Resources (HR) oder Communication. Die Funktionen lassen sich wiederum in drei Ebenen gliedern. Nach Gutenberg sind dies die operativen Funktionen, die Gutenberg Elementarfunktionen nennt, die derivativen oder abgeleiteten Funktionen und die dispositiven Funktionen (das sind die Führungsfunktionen). Operative Funktionen haben unmittelbar mit der Leistungserstellung des Unternehmens zu tun. Die Beschaffung der Inputfaktoren (Personalbeschaffung, Einkauf), der Prozess der Faktorkombination (Produktion) und der Vertrieb, somit dem Absatz der erstellten Leistungen.

▶ Man spricht auch bei Unternehmen, die immaterielle Leistungen erstellen, wie Banken und Versicherungen, von Produktion.

Alle Funktionen, die nicht unmittelbar der Leistungserstellung dienen, werden als derivativ (abgeleitet) bezeichnet. Sie liegen gewissermaßen über den operativen Funktionen und erbringen funktionsunabhängig Dienstleistungen für andere Bereiche oder Funktionen. So etwa die Personalverwaltung und -entwicklung. Sie ist für das Gesamtunternehmen tätig. Andere derivative Funktionen sind Rechnungswesen, Organisation oder Informationstechnologie (IT). Ihre Aufgaben haben nur mittelbar mit der Leistungserstellung zu tun.

Die 3. Ebene ist die dispositive Ebene. Das sind alle Tätigkeiten, die mit der Führung und Steuerung des Unternehmens zu tun haben.

Resümierend stelle ich fest, dass die 3. Dimension einer betriebswirtschaftlichen Morphologie der **Funktionale Aspekt** ist.

1.3 Strukturierung der Betriebswirtschaftslehre

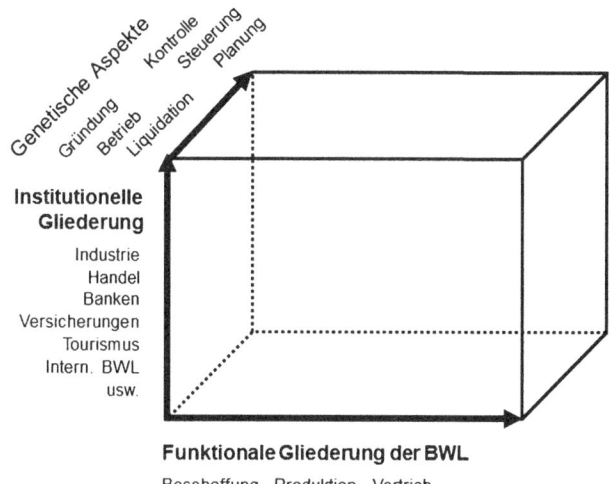

Abb. 1.5 Strukturierungsmöglichkeiten der Betriebswirtschaftslehre. (Quelle: eigene Grafik)

In meinem Vorlesungsskript habe ich das in einer Grafik (Abb. 1.5) zusammengefasst.

In diesem Kubus kann man alle Aufgaben und Tätigkeiten, die es in einem Unternehmen gibt, positionieren. Solche Strukturmodelle verhelfen zu einem besseren Verständnis.

Modelldenken 2

2.1 Die Modellpyramide (ein Modell für alle Modelle)

Ein Bild sagt mehr als tausend Worte oder im übertragenen Sinne: „Eine Grafik ist besser als tausend Worte."

Ein Modell ist eine vereinfachende in der Regel grafische Darstellung der Realität und erleichtert das Verständnis komplexer Tatbestände. Das Denken in Modellen setzt Sachkenntnis und die Fähigkeit zur Abstraktion voraus. Jeder noch so komplizierte Sachverhalt lässt sich in ein paar Kästchen, Strichen und Worten abstrakt darstellen. Wir haben es oben schon mit einigen Modellen zu tun gehabt und wollen nun daran gehen, ein Modell für das Verständnis von Modellen zu beleuchten, die Modellpyramide. Die Realität lässt sich nur in Form von Fotos oder Videos so abbilden, wie wir sie als Menschen wahrnehmen. In IT-Systemen oder schriftlichen Konzepten zur Erstellung von IT-Systemen ist man gezwungen zu abstrahieren. Dabei kann der Abstraktionsgrad sehr hoch oder auch sehr niedrig sein. Will ich zum Beispiel ein leistungserstellendes System wie ein Unternehmen auf der höchsten Abstraktionsstufe darstellen, so sieht das Modell wie in Abb. 2.1 dargestellt aus.

Noch abstrakter geht es nicht. Dieses IPO-Modell (das man früher in Deutschland EVA als Abkürzung für Eingabe, Verarbeitung und Ausgabe genannt hat) steht quasi als ein mögliches Modell in der Spitze der Pyramide. So kann eine einzelne Maschine, ein arbeitender Mensch oder ein Weltkonzern abstrakt dargestellt werden. Jeder Leistungserstellung liegt das IPO-Prinzip zugrunde. Wenn ich jetzt beginne, dieses Modell zu detaillieren oder zu spezifizieren, begebe ich mich in der Modellhierarchie von oben nach unten. In diesem Modell kann man jedwede Hierarchie darstellen (Abb. 2.2).

© Der/die Autor(en), exklusiv lizenziert an Springer Fachmedien Wiesbaden GmbH, ein Teil von Springer Nature 2024
A. Krumm, *Erfolg – Grundlagen wirtschaftlichen Denkens und Handelns*,
https://doi.org/10.1007/978-3-658-45701-3_2

Abb. 2.1 Das einfache IPO-Modell. (Quelle: eigene Grafik)

Abb. 2.2 Die Modellpyramide. (Quelle: eigene Grafik)

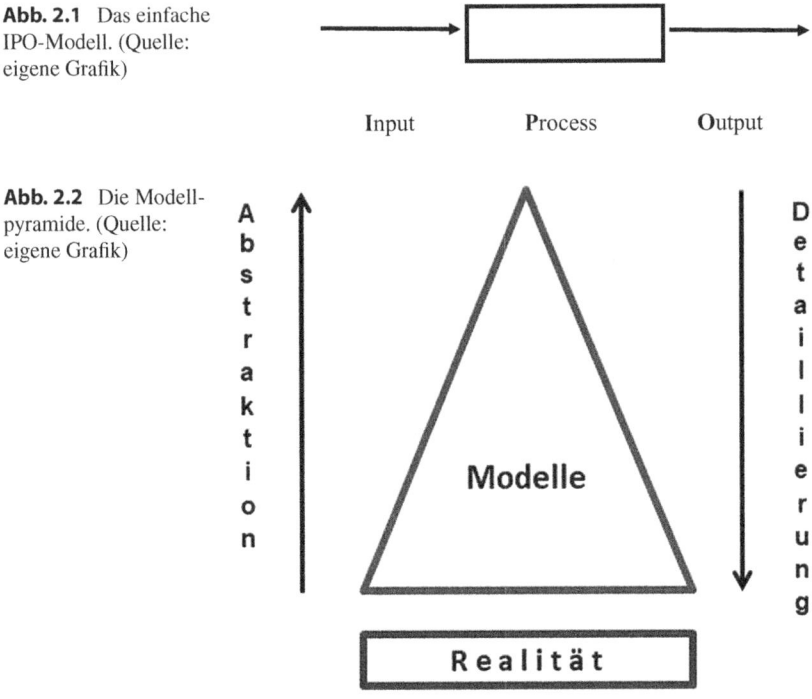

Zum Beispiel könnte man auch in der Spitze die Konzernholding, darunter dann die Konzernunternehmen, die Betriebe, darunter die Betriebsstätten, bis zum einzelnen Arbeitsplatz herunterbrechen.

Man könnte aber auch die Führungsstruktur eines Unternehmens darstellen. In der Spitze steht der Vorstandsvorsitzende (heute CEO, Chief Executive Officer) darunter die Vorstandsmitglieder, dann kämen die Leitenden Angestellten, die Führungskräfte, dann die Gruppenleiter (somit die Führungshierarchie des Unternehmens) usw.

Diese Modellpyramide ist als Strukturierungshilfskonstrukt für alle hierarchischen Strukturen in einem Unternehmen anwendbar. Je nach Fragestellung werde ich unterschiedliche Abbildungen benutzen oder anders ausgedrückt: „Es gibt nicht nur die eine Struktur zur Darstellung in der Modellpyramide." Die Notwendigkeit zur abstrakten Darstellung verschiedener Elemente von Unternehmen ist durch das Größenwachstum der Unternehmen entstanden, vor allem aber durch den Einsatz von Computern (der Informationstechnik). Nicht einmal Kleinunternehmen schreiben Rechnungen heutzutage von Hand, sie führen kein physisches „Kassenbuch" mehr und buchen auch nicht mehr in Journale oder auf Kontenkarten.

2.1 Die Modellpyramide (ein Modell für alle Modelle)

Alle betriebswirtschaftlichen Aufgaben werden heute mithilfe von Computern erledigt, sie sind digitalisiert und damit auch abstrahiert. Nun ist es aber nicht so, dass man sich eine Software kaufen kann, so wie man sich das Office-Paket kaufen kann. Das Office-Paket installiert man auf seinem Computer und man kann unmittelbar danach Texte verfassen, Tabellen anlegen usw. Das ist bei „Betriebswirtschaftlicher Standardsoftware" völlig anders. Jedes Unternehmen ist anders. Selbst wenn zwei Unternehmen das Gleiche produzieren, sind sie unterschiedlich strukturiert und auch die Bearbeitungsfolge ist anders. Eine Software für das erste Unternehmen würde für das zweite nicht passen und umgekehrt. Aus diesem Grund mussten sich in der Anfangszeit der Datenverarbeitung die Unternehmen ihre Programme selbst schreiben. Es gab keine Standardsoftware zur Erledigung von betriebswirtschaftlichen Aufgaben.

Als ich 1982 meine erste Arbeitsstelle in einem mittelgroßen Versicherungsunternehmen angetreten habe, fand ich die etwas surreale Situation vor, dass die größte Abteilung dieses Versicherungsunternehmens die Abteilung Datenverarbeitung war. Sie war doppelt so groß wie die größte Versicherungsabteilung oder anders ausgedrückt: Fast 20 % aller Mitarbeiter waren in der Abteilung Datenverarbeitung angestellt. Die meisten von ihnen waren Programmierer, die in verschiedenen Projekten Software für das Unternehmen entwickelten, die in anderen Unternehmen nicht nutzbar waren. Teure Individuallösungen wurden hier entwickelt, die dann auf „Großrechnern" zum Einsatz kamen. Es ging aber nicht anders und war in allen Unternehmen, die die DVA nutzen wollten, das Gleiche.

Diese unbefriedigende Situation brachte die fünf Gründer von SAP auf die Idee, hier etwas zu ändern. Sie wollten eine Software entwickeln, die so standardisiert wie möglich ist und es den Unternehmen erlaubt, ihre eigenen Strukturen und Abläufe in dem System abzubilden. Eine der größten Erfolgsgeschichten der deutschen Nachkriegszeit fand so ihren Anfang. Das in Walldorf ansässige Unternehmen ist 2024 das höchstbewertete Unternehmen in der Bundesrepublik Deutschland und bei international tätigen Großunternehmen ist SAP mit einem Marktanteil von rund 60 % uneinholbarer Marktführer.

Man kann die Software von SAP aber nicht einfach installieren und dann anfangen zu arbeiten. Nachdem die Software installiert ist, muss man „customizen". Man muss die Strukturen und Prozesse des eigenen Unternehmens in der Software abbilden (oder hinterlegen). Dies ist ein Projekt, das in der Regel lange dauert (manche sagen: nie endet) und auch viel Geld kostet. Diese Projekte amortisieren sich auch nicht kurzfristig. Langfristig bringen sie jedoch erhebliche Einsparpotenziale. Parametrisierbare Änderungen (Änderungen der Postleitzahl, oder Einführung der IBAN zum Beispiel) werden von SAP eingespielt. Die riesigen „Programmierabteilungen" in den Unternehmen wurden ersetzt durch kleinere Abteilungen mit SAP-Betreuern. Allein schon dadurch rechnet sich der Einsatz von

SAP. Der Einsatz von betriebswirtschaftlicher Standardsoftware hat darüber hinaus noch unendlich viel Nutzen- oder Kostensenkungspotenzial.

Einige Beispiele: Waren können nicht doppelt verkauft werden, weil die Software sie reserviert. Prozesse laufen schneller und sicherer ab. Viele Prozesse laufen vollautomatisch ab. Wenn der Lagerbestand eine bestimmte Grenze erreicht, wird ein automatischer Bestellprozess ausgelöst. Ordnungsbegriffe werden automatisch vergeben u. v. m.

> **Exkurs: ERP-Systeme**
> Die Begriffe in diesem Bereich sind nicht geschützt und ihre Verwendung ändert sich auch im Laufe der Zeit. Mit Enterprise-Ressource-Planning Systemen (ERP) wird häufig das gesamte Spektrum der betriebswirtschaftlichen Standardsoftware bezeichnet, das alle unternehmerischen Funktionsbereiche abdeckt. Man muss aber unterscheiden. Für Weltunternehmen sind die Anforderungen anders als für ein national tätiges Kleinunternehmen. Viele Sprachen, Zeitzonen, Kalender, Steuersysteme, Normierungen, Schriftzeichen und Tastaturen sind nur ein marginaler Teil der Probleme, mit denen eine weltweit einsetzbare Software zu kämpfen hat. Deshalb gibt es für den Bereich der weltweit einsetzbaren betriebswirtschaftlichen Standardsoftware nur noch zwei Anbieter, nämlich SAP aus Deutschland und Oracle aus den USA. Für Weltkonzerne gibt es keine ernst zu nehmenden Alternativanbieter. Für mittelgroße Unternehmen und auch Kleinunternehmen gibt es eine große Zahl von Anbietern für ERP-Software, wobei SAP und Oracle diesen Markt auch bedienen, hauptsächlich mit Cloud-Lösungen. Welches Leistungsspektrum diese kleineren Wettbewerber besitzen, sollte jedes Unternehmen anhand seines Pflichtenheftes selbst für sich eruieren.

Das Customizing ist bei der Einführung von ERP-Systemen die Hauptaufgabe. Dabei müssen zunächst die Aufbau- und die Ablauforganisation der Unternehmen analysiert werden. Dies sind die Kernelemente. Ich verwende dabei bewusst die „altdeutschen" Ausdrücke aus der Organisationslehre anstatt „Structure" und „Process".

Bei der Aufbauorganisation steht auf der obersten Ebene eines Großunternehmens die Holding oder der Konzern. Dies wird in den SAP-Produkten als **Mandant** bezeichnet und steht in der Spitze der „Pyramide". Darunter kommen die Unternehmensteile, die als rechtlich selbstständig bilanzierende Einheiten im Konzern konsolidiert werden können. Diese zweite Ebene wird in SAP „**Buchungs-**

2.1 Die Modellpyramide (ein Modell für alle Modelle)

kreise" genannt. Die zweite Ebene besteht in der Regel aus mehreren Elementen. Diese beiden Ebenen sind in allen SAP-Komponenten gleich. Ab der dritten Ebenen kann die Organisationsstruktur in den SAP-Komponenten unterschiedlich sein und muss für jede Komponente (Modul) separat analysiert werden. Module sind Teileelemente des gesamten Softwarepaketes, das für eine spezielle Funktion benötigt wird. So wird das Modul PP (Produktion & Planung) benötigt, während das Modul FI (Finanzen) für die Buchführung und Bilanzierung gebraucht wird. Es gibt Kernmodule, Hilfs- und Unterstützungsmodule. Falls Sie das näher interessiert, googeln Sie „SAP-Module" und sie werden sehr viele Informationen jeglichen Umfangs erhalten.

Diese Aufbaustruktur wird in jedem IT-System (und damit natürlich auch in SAP) mit einem Nummernsystem abgebildet. Die Anzahl der Ziffern erweitert sich auf dem Weg nach unten in der Hierarchie, sodass immer eine eindeutige Zuordnung möglich ist (Abb. 2.3).

Die unternehmensspezifische Aufbaustruktur muss analysiert, bei Bedarf gestaltet und anschließend im SAP-System hinterlegt werden. Das Gleiche gilt für die Ablaufstruktur oder die Prozesse, wie man es heutzutage in Anlehnung an den amerikanischen Sprachgebrauch nennt. Man wird die Prozesse zunächst klassifizieren (Abb. 2.4), zum Beispiel in:

- Managementprozesse
- Kernprozesse
- Unterstützungsprozesse

Auch Optimierungs- und Analyseprozesse werden häufig berücksichtigt.

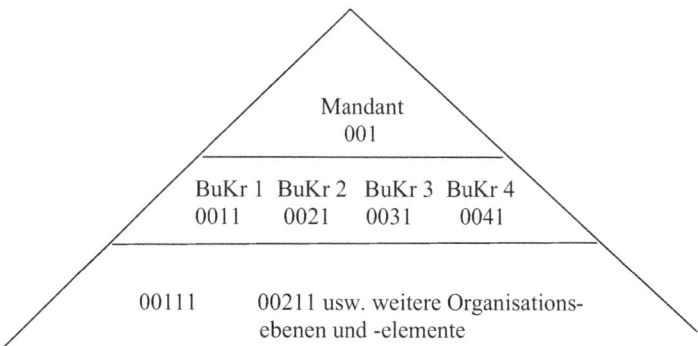

Abb. 2.3 Die SAP-Aufbaustruktur innerhalb der Modellpyramide. (Quelle: eigene Grafik)

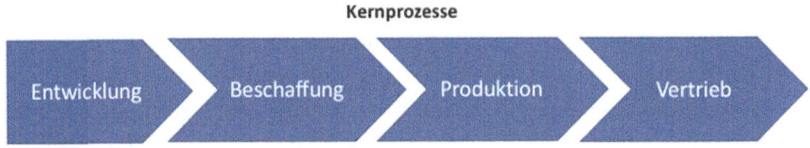

Abb. 2.4 Die Supply Chain (Wertschöpfungskette). (Quelle: Waibel, Käppeli 2010, in Anlehnung an Porter)

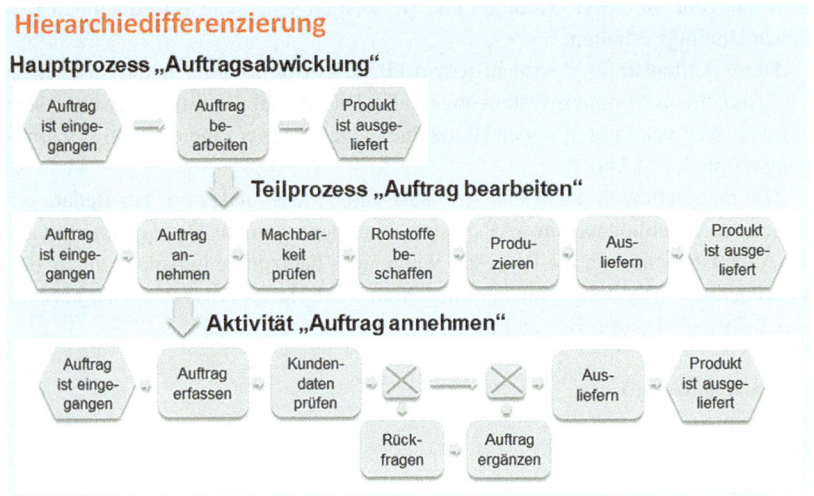

Abb. 2.5 Die Prozessdifferenzierung. (Quelle: Waibel, Käppeli 2010)

Die Prozesse werden im Rahmen der Analyse immer weiter differenziert oder detailliert. Die Modellpyramide wird quasi von oben nach unten gefüllt. Auszugsweise zeigt das die Abb. 2.5 aus Waibel, Käppeli, Betriebswirtschaft für Führungskräfte – Die Erfolgslogik des unternehmerischen Denkens und Handelns (3. Auflage 2010) sehr gut. Dieser Ausschnitt ist unterhalb des Vertriebs angesiedelt.

Waibel und Käppeli (2010) ist im Übrigen eines der besten Lehrbücher für Führungskräfte in der Berufspraxis, das ich kenne. Für Studentinnen, Studenten oder Berufsanfänger ist es nicht gut geeignet. Man braucht schon einige Berufsjahre in einer wirtschaftlichen Funktion, um manches besser zu verstehen.

Auf der untersten Stufe dieser Prozessmodellierung kann die Anzahl der finalen Mikroprozesse 5- bis 6-stellig sein, je nach Unternehmensgröße. Die Darstellungstechnik folgt dem Flussplan. All diese Tausenden Tätigkeiten müssen nun in

2.2 Einfaches Unternehmensmodell

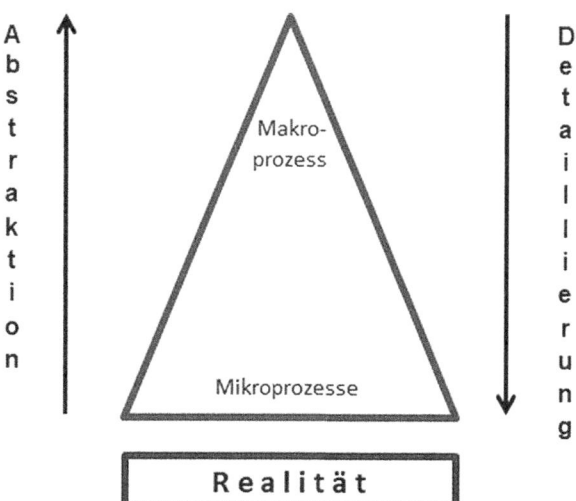

Abb. 2.6 Die Modellpyramide für Prozesse. (Quelle: eigene Grafik)

SAP oder auch in jedem anderen ERP-System abgebildet und dauerhaft hinterlegt werden. Die Bildschirmseiten, Inhalte, Felder, Tabellen und Funktionalitäten müssen individuell erstellt werden. Auch wenn die ERP-Systeme massive Unterstützung dafür anbieten, dauert dieser Prozess des „Customizing" sehr lange (oft Jahre). Für das Verfahren der Prozessmodellierung selbst gibt es die Software ARIS als Unterstützung. In der Modellpyramide sieht die Prozessmodellierung so aus, wie in Abb. 2.6 dargestellt.

Man beginnt mit dem abstraktesten Prozess zum Beispiel „Autos produzieren", detailliert dann immer weiter, bis man ganz unten die Detailprozesse erreicht, zum Beispiel „Erstellen einer Rechnung" oder Fakturierung, wie Kaufleute das nennen. Man nähert sich immer weiter an die „Realität" an, ohne sie zu erreichen. Man bleibt immer „abstrakt" und bildet die Realität mit grafischen Darstellungsmöglichkeiten nach.

2.2 Einfaches Unternehmensmodell

Auch das Verständnis für Unternehmen lässt sich in der Modellpyramide entwickeln. Das einfachste Unternehmensmodell wurde bereits oben erwähnt. Es ist das IPO-Modell (Abb. 2.7, siehe auch Abb. 2.1).

Es steht ganz oben in der Pyramidenspitze. Weiter abstrahieren lässt sich ein leistungserstellendes System nicht mehr. Ob es sich um eine Mikrotätigkeit handelt

Abb. 2.7 Das IPO-Modell.
(Quelle: eigene Grafik)

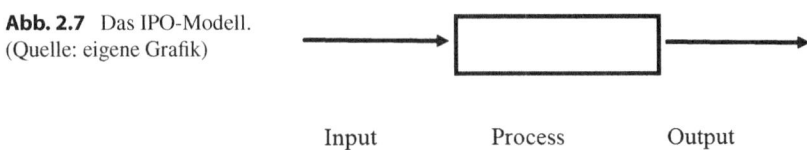

Input   Process   Output

oder um die Leistungserstellung eines Weltunternehmens, jedes leistungserstellende System ist so abstrakt darstellbar. In der Literatur findet man diese Darstellung fast nur noch in Büchern über IT. Computersysteme werden so abstrahiert. Wenn man dieses Modell für Unternehmen differenzieren will, bieten sich mehrere Möglichkeiten an. Hier wird die Differenzierung verwendet, die letztlich auch die Ableitung für die Kennzahlen „Produktivität", „Wirtschaftlichkeit" und „Rentabilität" zulässt. Wir gliedern dafür das Unternehmen in drei Ebenen. Die oberste Ebene ist die rein materielle Ebene. Geld spielt auf dieser Ebene keine Rolle. Zum einfacheren Verständnis stellen wir uns ein produzierendes Unternehmen vor (etwa eine Papierfabrik). Um Papier erzeugen zu können, benötigt man langlebige Wirtschaftsgüter wie Grundstücke, Fabrikhallen und Maschinen (also die eigentliche Fabrik). Weiterhin braucht man kurzlebige Wirtschaftsgüter (in der Volkswirtschaftslehre nennt man das Inputfaktoren) wie Material (Holz oder Zellstoff, chemische Hilfsmittel und Öl für das Kraftwerk). Weiterhin benötigt man Arbeitskräfte, die die menschlichen Inputfaktoren darstellen. All diese Inputfaktoren werden in dem Prozess der Leistungserstellung gebündelt (Process) und der Outputfaktor „Papier" erzeugt. Das kann man direkt verkaufen oder ihn einem weiteren Wertschöpfungsprozess unterziehen (schneiden, bedrucken, heften usw.). Als Nächstes werden die Outputelemente dem Markt angeboten und ihm zugeführt.

Diesen ganzen Vorgang kann man zunächst rein materiell betrachten und so haben wir die **1. Ebene, die materielle Ebene**.

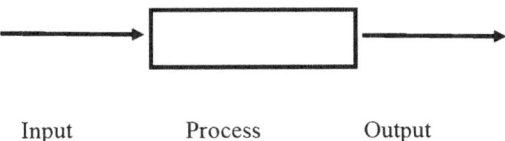

Input   Process   Output

Für das Verständnis ist es von entscheidender Bedeutung zu verstehen, dass auf dieser Ebene Geld keine Rolle spielt. Egal, ob als Aufwand oder Ertrag oder als Cash.

Kommen wir nun zu der zweiten Ebene dieses Modelles, den in Geld bewerteten materiellen Dingen im Unternehmen. Alle materiellen Inputs verursachen Aufwand und jeder Output generiert Ertrag. Die zweite Ebene dieses einfachen Unternehmensmodells besteht schlicht und ergreifend aus.

2.2 Einfaches Unternehmensmodell

Aufwand und **Ertrag.**

Falls Sie sich schon einmal einen Jahresabschluss eines Unternehmens angeschaut haben, werden Sie gesehen haben, dass dies die zwei Seiten der Gewinn- und Verlustrechnung (G&V) sind. Die Bilanz und die Gewinn- und Verlustrechnung sind die Kernrechenwerke in jedem Unternehmensjahresabschluss neben dem Lagebericht und dem Anhang. Viele Jahresabschlüsse sind so umfangreich geworden, dass es oft schwer ist, die wesentlichen Dinge zu finden.

> **Exkurs: Lite-Version**
> Ich hatte als BWL-Student einmal von einem amerikanischen Unternehmen gelesen, das vorgeschrieben hat, jedem zur Entscheidung anstehenden Konzept eine einseitige Zusammenfassung vorn anzustellen und falls nötig, immer mit einer Entscheidungsempfehlung zu schließen. Daran habe ich mich (auch ohne Auftrag) im Berufsleben immer gehalten und hatte damit großen Erfolg. Alles lässt sich auf eine Seite reduzieren und Vorstände haben nicht die Zeit, mehrere hundert Seiten eines Planes zu studieren. Wenn sie das Gefühl haben, sie können sich auf Mitarbeiter und deren Entscheidungsempfehlungen verlassen, dann werden sie diesen folgen und die Verantwortung tragen. In meinem Arbeitsleben war das immer so und auch immer mit Erfolg (auch für meine Karriere).
>
> In diesem Sinne könnte man einem Jahresabschluss auch einen Abschluss „LITE" voranstellen. Nicht gerade eine Seite, aber eine Seite pro Pflichtelement, somit vier Seiten. Das würde es auch den Lesern, die nicht BWL studiert haben, wesentlich erleichtern einen Einstieg zu finden.

Die Gewinn- und Verlustrechnung (i. F. nur noch G&V) ist eine Periodenrechnung. In der Regel beträgt die Periode ein Jahr und ist in den meisten Fällen mit dem Geschäftsjahr identisch. Es gibt Ausnahmen. Bei der Gründung eines Unternehmens wird häufig nur ein Rumpfjahr bilanziert, um in den Rhythmus 1.1. bis 31.12. zu kommen. Bei der unterjährigen Auflösung eines Unternehmens geht es nicht anders, als das Restjahr abzuschließen. Manche Unternehmen haben aus historischen Gründen ein abweichendes Geschäftsjahr. So bilanziert Siemens vom 1. Oktober bis 30. September. Das sind aber die Ausnahmen. In der Regel entspricht das Geschäftsjahr auch dem Kalenderjahr.

Bei kurzfristigen Wirtschaftsgütern, die innerhalb eines Wirtschaftsjahres auch verbraucht werden, ist es einfach, den Aufwand zu ermitteln. Hier entspricht der

Aufwand den Kosten. Die Personalkosten eines Jahres entsprechen somit dem Personalaufwand, der unmittelbar in die G&V einfließt. Auch bei Roh- und Hilfsstoffen, die innerhalb eines Geschäftsjahres verbraucht werden, ist es genau so. Etwas komplizierter ist es bei Wirtschaftsgütern, die über längere Zeit gebraucht werden, wie Gebäude, Maschinen oder gar Grundstücke. Hier werden die Anschaffungskosten auf die durchschnittlich zu erwartende Nutzungsdauer verteilt und so die AfA (**A**bsetzung **f**ür **A**bnutzung oder Abschreibung) ermittelt. Diese AfA ist dann der entsprechende Aufwand für die Periode und fließt in die G&V ein. Kurzfristige Wirtschaftsgüter, die nicht innerhalb eines Geschäftsjahres verbraucht werden, müssen „abgegrenzt" werden. Das heißt, es wird der Jahresverbrauch pro Periode ermittelt und der Aufwand auf alle betroffenen Wirtschaftsjahre abgegrenzt (verteilt). Hier fängt es an, kompliziert zu werden und die Probleme stecken im Detail. Welche Abschreibungszeiten legt man zugrunde? Wählt man handelsrechtlich andere Abschreibungszeiten als steuerrechtlich? Wie geht man bei Verbrauchsgütern vor? „Last in first out" (LIFO) oder „first in first out" (FIFO)? Darüber gibt es sehr viel Lehrmaterial. Buchführung und Bilanzierung wären die Schlagwörter für die Suche nach der entsprechenden Literatur. Hier wird nach der Methode KISS nur das Prinzip erläutert und nicht die komplizierten Fälle oder die Ausnahmen. Dazu verweise ich auf weiterführendes Lehrmaterial (nicht nur Bücher, sondern auch E-Learning, Moocs oder Blended Learning).

Wir halten fest: Aufwand ist die Belastung eines Unternehmens in einer Periode, i. d. R. innerhalb eines Geschäftsjahres, den es erbringt, für die Wertschöpfung.

Beim Ertrag ist es ein wenig einfacher. Ertrag ist der Erlös aus dem Vertrieb der Wertschöpfung des Unternehmens, meistens der Verkaufserlös der Produkte.

Aufwand und Ertrag sind der in Geld bewertete materielle Leistungsprozess des Unternehmens. Grafisch lässt sich das wie in Abb. 2.8 darstellen.

Der Input bewertet in Geldeinheiten wird zum Aufwand, der Output bewertet in Geldeinheiten wird zum Ertrag (Abb. 2.9).

Abb. 2.8 Die ersten 2 Ebenen des internen Unternehmensmodelles. (Quelle: eigene Grafik)

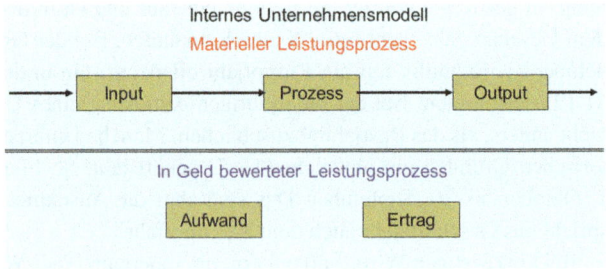

2.2 Einfaches Unternehmensmodell

Abb. 2.9 Die gleiche Darstellung in einer etwas populäreren Form. (Quelle: eigene Grafik)

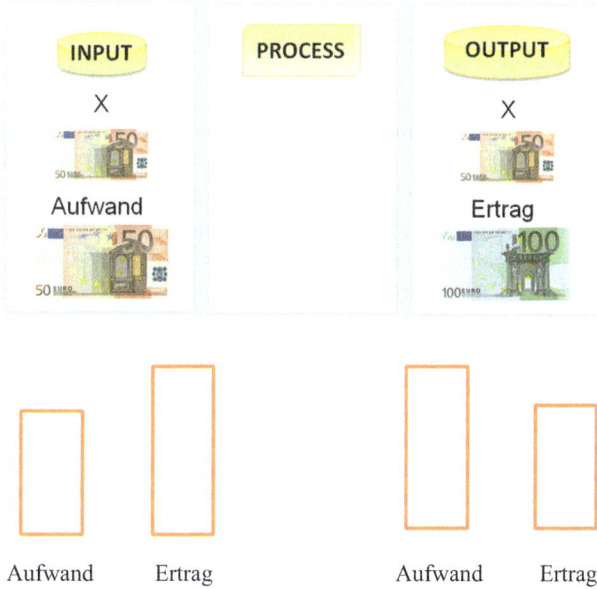

Abb. 2.10 Einfachstes Modell für Gewinn- oder Verlustsituation. (Quelle: eigene Grafik)

Aufwand   Ertrag   Aufwand   Ertrag
  Gewinnsituation   Verlustsituation

Zweck eines jeden Unternehmertums ist es, mehr Ertrag als Aufwand zu erwirtschaften. Diese Situation heißt dann „Gewinn". Ist der Aufwand höher als der Ertrag, nennt man das „Verlust" (Abb. 2.10).

Viele Studenten in höheren Semestern und auch gestandene Praktiker habe ich mit folgender Frage zum Stottern gebracht: „Erkläre mir bitte auf einfache Weise, was Buchhaltung ist." Es kamen immer Antworten, in denen Zahlen, Konten, Abschlüsse und Stichtag vorkamen. Aber auf des Pudels Kern kam nie jemand, obwohl es doch sehr einfach ist, wenn man in Modellen denken kann.

▶ Die Buchhaltung ist die in Geld bewertete Reflexion aller materiellen Prozesse in einem Unternehmen.

Man schaut gewissermaßen in einen Spiegel, um ein Unternehmen zu betrachten, und sieht dort nicht die Menschen, Maschinen oder Hallen, sondern die Geldbeträge, die diese Dinge repräsentieren. Man kann das auch wie folgt ausdrücken:

Es gibt ein materielles, somit reales Unternehmen und ein virtuelles, in Geld ausgedrücktes Unternehmen.

Exkurs: Kosten versus Aufwand und Erlöse versus Ertrag
Mancher Erbsenzähler könnte an dieser Stelle sagen, dass das alles nicht so einfach ist, wie es hier dargestellt wird. Das ist durchaus richtig. Aber wie in der Modellpyramide sollte man auch beim Erklären auf einem sehr allgemeinen Niveau beginnen, um dann weiter ins Detail zu gehen, wenn die Ziele es erfordern. In der Wissenschaft nennt man das „Induktives Vorgehen". Auf Deutsch: „Vom Allgemeinen zum Speziellen". Die Ziele dieses Buches sind es nicht, Jahresabschlussspezialisten auszubilden, sondern „Nichtbetriebswirten" einen Einblick in betriebswirtschaftliches Denken zu geben. Deshalb nur kurz zu den o. g. Begriffen.

Kosten sind leistungsbezogener, bewerteter Güterverzehr. Sind die Kosten mit einer Zahlung verbunden, dann sind sie auch Aufwand. Kalkulatorische Kosten (z. B. kalkulatorischer Unternehmerlohn in der Kalkulation zur Preisfindung) sind kein Aufwand, weil auch kein Geld fließt. Aufwand, der nicht leistungsbezogen ist (also nichts mit dem eigentlichen Geschäftszweck zu tun hat), zählt nicht zu den Kosten. Ein klassisches Beispiel dafür sind die Spenden für soziale oder politische Zwecke. Diese Zahlungen haben mit dem Geschäftszweck nichts unmittelbar zu tun und sind deshalb auch „außerordentlicher Aufwand", beeinflussen aber das Jahresergebnis (Gewinn oder Verlust). In der Unternehmenspraxis sind die Kosten und der Aufwand zu 99,xy % deckungsgleich. Der Unterschied ist eher akademisch als relevant.

Ähnlich verhält es sich mit Erlösen und Erträgen. Erlöse sind der Gegenwert, der einem Unternehmen in Form von Zahlungsmitteln oder Forderungen durch den Verkauf von Produkten, Erzeugnissen oder Dienstleistungen sowie aus Vermietung oder Verpachtung zufließt. Im Normalfall sind die Erlöse identisch mit den Erträgen. Möchte man in schlechten Zeiten drohende Verluste ausgleichen, kann man stille Reserven aktivieren. Das ist der Verkauf von abgeschriebenen und nicht mehr benötigten Wirtschaftsgütern (Maschinen, Gebäude oder Grundstücke). Man erzielt außerordentliche Erträge (die nicht Erlöse sind) und kann Verluste ausgleichen. In solchen Situationen kann die Differenz zwischen Erlös und Ertrag durchaus bedeutend sein. In Normalzeiten wird man keine stillen Reserven aktivieren, da diese außerordentlichen Erträge gewinnerhöhend wirken und zu einer erhöhten Steuer- und Ausschüttungslast führen. Man würde ohne Not Substanz verlieren.

2.2 Einfaches Unternehmensmodell

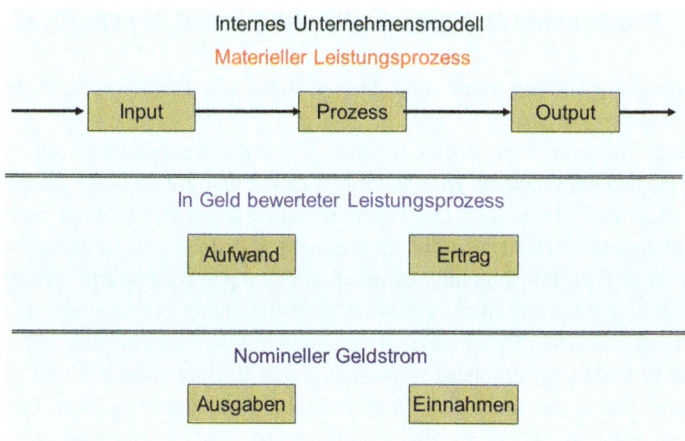

Abb. 2.11 Das komplette interne Unternehmensmodell. (Quelle: eigene Grafik)

Nun fehlt noch die dritte und letzte Ebene, um das einfache interne Unternehmensmodell vollständig zu machen. Es ist die reine Geldebene (Abb. 2.11).

Aufwand und Ertrag führen zu Ausgaben und Einnahmen. Nicht zwingend zeitgleich oder periodengleich. Nicht immer in voller Höhe. Deswegen hat man die Geldebene auch separat zu betrachten. Die Aufrechterhaltung des jederzeitigen Finanzstatus (Zahlungsfähigkeit) ist für jedes Unternehmen überlebenswichtig. Das Konkursrecht sieht zwar neben Zahlungsunfähigkeit auch die Überschuldung als Konkursgrund vor. Aber de facto gehen die Unternehmen nur in Konkurs, weil sie zahlungsunfähig werden. Deshalb ist das Instrument zur Planung der Einnahmen- und Ausgabenströme (Finanzplanung) eines der wichtigsten kurz- und mittelfristigen Planungsinstrumente. Wegen der großen Bedeutung dieses Bereiches gibt es in fast allen großen Unternehmen einen Vorstand oder Geschäftsführer, der für den Bereich „Finanzen" zuständig ist. Die Beschaffung von Inputfaktoren führt zu Aufwand und letztlich auch zu Ausgaben.

Die Verwertung der Outputfaktoren führt zu Erträgen und auch zu Einnahmen. Diese modellhafte Zerlegung des Unternehmens in horizontale Schichten erlaubt es anschließend, die wichtigsten betriebswirtschaftlichen Kennzahlen zu entwickeln und vor allem auch zu verstehen.

2.3 Produktivität, Wirtschaftlichkeit und Rentabilität

Die Relation zwischen Input und Output wird als Produktivität bezeichnet (Abb. 2.12).

Ich kann nicht oft genug betonen, dass es sich dabei ausschließlich um eine materielle Betrachtung handelt. Man hat einen Acker und erhöht durch Einsatz von Kunstdünger den Ernteertrag. Die Produktivität ist gesteigert. In einer handwerklichen Manufaktur erhöht man die Taktfrequenz und steigert dadurch die Produktion. In einer Textilfabrik gelingt es durch ein Computerzuschnittprogramm, den Verschnitt zu reduzieren. In einer Automobilfabrik gelingt es durch bessere Statik, weniger oder dünneres Blech einzusetzen. Auch mit der Umschlaghäufigkeit kann man die Produktivität erhöhen, wenn man einen Restauranttisch 5-mal pro Tag „verkaufen" kann statt nur 4-mal. In klimatisch bevorzugten Gegenden kann man auf einem Acker zwei oder gar dreimal ernten pro Jahr, während dies in Nordeuropa nur einmal geht. All das erhöht die Produktivität.

Die Produktivität ist eine wichtige und ausgezeichnete Kennzahl, um betriebsinterne Entwicklungen zu kontrollieren oder überbetriebliche Vergleiche anzustellen. Ich habe 8 Jahre in einem Versicherungsunternehmen gearbeitet, bevor ich Professor wurde. Dort haben wir jedes Jahr „Leistungszahlen" ermittelt und Jahr für Jahr fortgeschrieben. Dies war nichts anderes als die Ermittlung von Produktivitätskennzahlen für den internen Vergleich.

Der überbetriebliche Vergleich ist schwieriger, da jedes Unternehmen die Dinge etwas anders handhabt. BMW hat sich einmal mehrheitlich beim britischen Automobilunternehmen Rover eingekauft. In der Presse wurde kolportiert, dass BMW von der hohen Produktivität bei Rover (Arbeitsstunden/Auto) profitieren wollte. Nach genauerer Analyse stellte sich heraus, dass Rover sehr viele Leistungen dazu kauft (die bei BMW selbst erbracht wurden) und dass diese Zukäufe in der Produktivität bei Rover nicht berücksichtigt wurden. Letztlich war die Produktivität viel niedriger als bei BMW. Man hatte Äpfel mit Birnen verglichen. So wurde es zumindest in der Presse kolportiert.

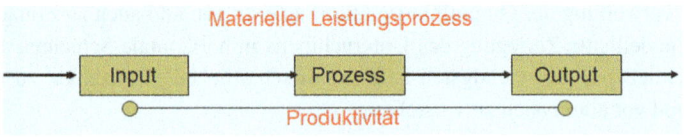

Abb. 2.12 Die Produktivität. (Quelle: eigene Grafik)

2.3 Produktivität, Wirtschaftlichkeit und Rentabilität

Als BWL-Student hatte ich im Hauptstudium das Schwerpunktfach „Versicherungswirtschaft" und dort einen Lehrer, der vorher Vorstand bei der Allianz war, Prof. Dr. Müller-Lutz. Mit ihm hatten wir Globalkennzahlen ermittelt, wie Anzahl Versicherungsverträge pro Mitarbeiter oder Beitragseinnahmen pro Mitarbeiter. Das Ganze natürlich gestaffelt nach Versicherungssparten. Ein Highlight unseres Studiums war eine zehntägige Exkursion mit Müller-Lutz nach London, zu diesem Zeitpunkt der bedeutendste Versicherungsplatz der Welt. MüLu (wie wir ihn nannten) hatte beste Beziehungen und so erhielten wir sehr tiefe Einblicke in die Unternehmen. Bei den o. g. Globalkennzahlen stellten wir fest, dass in England im Vergleich zu Deutschland fast die doppelte Anzahl Mitarbeiter für eine vergleichbare Anzahl Versicherungsverträge oder Beitragseinnahmen beschäftigt wurden. Bei allen möglichen Unsicherheiten war das ein deutliches Indiz für eine bessere Produktivität in Deutschland. Ob es am so oft beschworenen deutschen Fleiß lag oder ob den Engländern Teatime und Small Talk wichtiger war als Arbeit, mag dahingestellt sein.

▶ Entscheidend ist, dass ein Unternehmen, das eine höhere Produktivität besitzt als seine Mitbewerber, große Wettbewerbsvorteile ihnen gegenüber hat. Insofern ist die *Produktivität* eine der wichtigsten betriebswirtschaftlichen Kennzahlen zur Steuerung des Erfolges.

Genauso einfach, wie sich die Produktivität in diesem Drei-Schichten-Modell des Unternehmens erklären lässt, lässt sich auch die Wirtschaftlichkeit erläutern (Abb. 2.13).

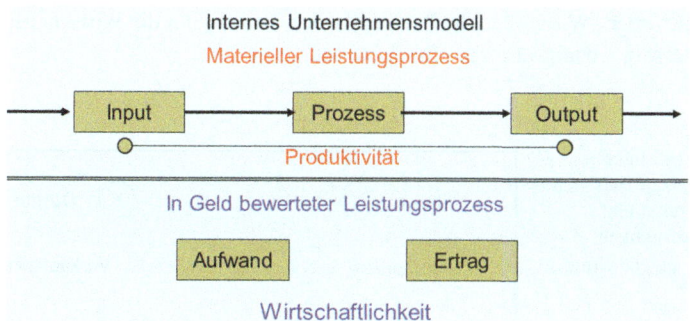

Abb. 2.13 Die Wirtschaftlichkeit. (Quelle: eigene Grafik)

▶ Die Wirtschaftlichkeit ist die in Geld bewertete Produktivität.

Input mal Geldeinheiten (Preise) = Aufwand

Output mal Geldeinheiten (Preise) = Ertrag

Die Wirtschaftlichkeit ist keine Kennzahl im vergleichbaren Sinne wie die Produktivität. Wirtschaftlich ist ein Unternehmen dann, wenn es Gewinn erzielt und der Ertrag höher ist als der Aufwand. Macht es Verlust, arbeitet es unwirtschaftlich. Welche Zusammenhänge oder Wechselwirkungen (Interdependenzen) gibt es zwischen der Produktivität und der Wirtschaftlichkeit?

Wir haben ein Modell mit sechs Stellschrauben, an denen man drehen kann. Jede Schraube kann einzeln gedreht werden oder es können auch zwei oder mehrere gedreht werden. Die Auswirkungen sind divers (Abb. 2.14).

Reduziert man etwa die Anzahl der Mitarbeiter bei gleich hohem Output, so erhöht sich die Produktivität, weil die Input-Output-Relation günstiger wird. Verändert sich einer der Preise, so kann man die Auswirkung auf die Wirtschaftlichkeit nicht mehr prognostizieren. So simpel wie das Modell aussieht, so komplex sind schon die Auswirkungen und es besteht eine Vielzahl von Wechselwirkungen.

Ein deutscher Manager wurde nach seiner Bestellung zum Vorstandsvorsitzenden eines deutschen Weltkonzerns gefragt, was er denn als Erstes zu tun gedenkt. Der studierte Betriebswirt sagte: „Wir müssen die Personalkosten senken, um die Produktivität zu erhöhen." Personalkosten sind Aufwand (Wirtschaflichkeitsebene) und Produktivität ist eine rein materielle Betrachtung (ohne Kosten). Entweder hat er nicht gesagt, was er sagen wollte, oder er wusste nicht, was er sagt. Wenn er gesagt hätte: „Wir müssen Mitarbeiter entlassen, um die Produktivität zu erhöhen," oder „Wir wollen die Personalkosten senken, um die Wirtschaftlichkeit zu verbessern", dann wäre es richtig gewesen.

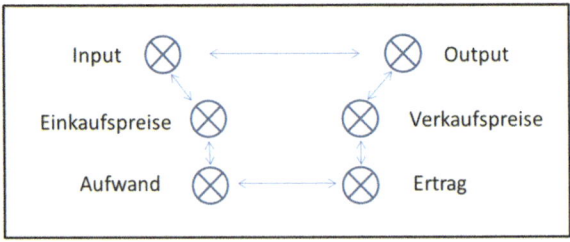

Abb. 2.14 Interdependenzen zwischen Produktivität und Wirtschaftlichkeit. (Quelle: eigene Grafik)

2.3 Produktivität, Wirtschaftlichkeit und Rentabilität

Neben Produktivität und Wirtschaftlichkeit ist die **Rentabilität** (oder Rendite) eine der zentralen Steuerungsgrößen für wirtschaftliches Denken. Es geht schlicht und ergreifend um die Frage: „**Wie wird das eingesetzte Vermögen verzinst?**"
Grundlage für die Ermittlung der Rentabilität ist die Wirtschaftlichkeit, ausgedrückt in absoluter Zahl, somit der Gewinn oder Jahresüberschuss. Der ergibt sich aus der Differenz von Ertrag zum Aufwand. Dieser Wert wird relativiert zu einem anderen Wert, zum Beispiel dem Eigenkapital. Das ergibt dann die Eigenkapitalrendite, die anzeigt, wie hoch sich das eingesetzte Kapital verzinst.

$$Eigenkapitalrendite\ in\ \% = \frac{Jahresüberschuss\left(ohne\ FK - Zinsen\right)}{Eigenkapital}$$

Der Jahresüberschuss ergibt sich als das Ergebnis aus der G&V. Um diesen Wert hat sich in den letzten Jahrzehnten eine Aura von Kennzahlen entwickelt, die den akademisch, wirtschaftlich Gebildeten Spaß machen mag, den wirtschaftlichen Laien eher verwirrt und zum Wegschauen verleitet. Rohüberschuss, Vorsteuergewinn, EBIT (earnings before interest and taxes, deutsch „Gewinn vor Zinsen und Steuern"), EBITDA. Der Einfachheit halber belassen wir es hier beim Jahresüberschuss, synonym verwendet mit Gewinn. Das Eigenkapital ist ein Wert, der aus der Bilanz entnommen wird. Die Bilanz hat zwei Seiten. Links stehen die AKTIVA und rechts die PASSIVA (Abb. 2.15).

Das Eigenkapital besteht bei einer Aktiengesellschaft aus dem Grundkapital und den Rücklagen. Bei einer GmbH sind es das Stammkapital und die Rücklagen. Das Grund- oder Stammkapital wird bei der Gründung einer Gesellschaft eingezahlt und dient zur Aufnahme des Geschäftsbetriebes und bei der Gründung als Haftungskapital. Die Rücklagen sind die kumulierten Überschüsse aus der Vergan-

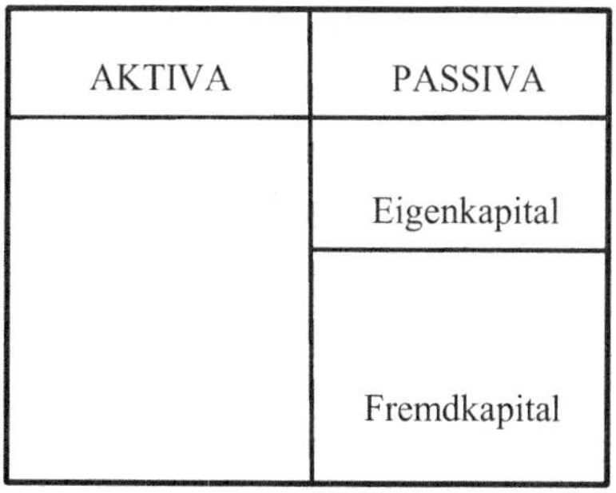

Abb. 2.15 Bilanzstruktur. (Quelle: eigene Grafik)

AKTIVA	PASSIVA
	Eigenkapital
	Fremdkapital

genheit, die nach Steuern und Verpflichtungen (Dividende oder sonstige Ausschüttungen) übrig geblieben sind. Nicht ausgeschüttete Gewinne werden den Rücklagen zugeführt. Das Eigenkapital ist somit das Gesamtkapital, das der oder die Eigner in das Unternehmen eingebracht oder kumuliert haben. Ermittelt man nun die Eigenkapitalrendite, so wissen die Eigner, wie sich ihr eingesetztes Kapital verzinst. Die Eigenkapitalrendite ist deshalb so eine wichtige wirtschaftliche Kennzahl, da jeder Investor und/oder Unternehmer sich immer wieder fragen muss, ob sein eingebrachtes Kapital bei einer alternativen Anlage nicht eine höhere Verzinsung erzielen könnte. Dies ist die Frage nach den Opportunitätskosten. Eine weitere Kennzahl ist die Gesamtkapitalrendite.

$$Gesamtkapitalrendite\ in\ \% = \frac{Gewinn\ \&\ Fremdkapitalzinsen}{Eigenkapital\ \&\ Fremdkapital\ (Gesamtkapital)}$$

Nimmt man Fremdkapital auf, muss man dafür Zinsen zahlen. Die Gesamtkapitalrendite muss höher sein als der durchschnittliche Zinssatz, den man für das Fremdkapital aufzuwenden hat. Ansonsten rutscht man sehr schnell in die Verlustzone, obwohl man vor Zinsen und Steuern einen Jahresüberschuss erzielt hat. Dies ist vor allem dann der Fall, wenn die Fremdkapitalquote sehr hoch ist. Erzielt man allerdings eine Gesamtkapitalrendite, die deutlich über dem Fremdkapitalzins liegt, so hat das einen Multiplikatoreffekt (auch Hebelwirkungseffekt) auf die Eigenkapitalrendite. Dieser Effekt (Leverage-Effekt, auf Deutsch Hebelwirkungseffekt) ist umso höher, je höher die Fremdkapitalquote ist. Es ist durchaus möglich und auch nicht vermessen, eine Eigenkapitalrendite von 20 % anzustreben. Man nennt das auch Leverage-Chance. Der Hebelwirkungs- oder Multiplikatoreffekt geht allerdings in beide Richtungen, was ihn gefährlich macht. Ist der Fremdkapitalzins niedriger als die Gesamtkapitalrendite, spricht man von einem Leverage-Risiko.

Eine weitere Renditekennzahl ist die Fremdkapitalrentabilität. Diese Kennzahl ist allerdings nicht so bedeutend und begrifflich auch irreführend, da es für die Kreditgeber ein Ertrag ist, aber nicht für den Kreditnehmer. Jedes größere Unternehmen hat eine Vielzahl von Krediten mit unterschiedlichen Konditionen. Setzt man nun die gesamte Zinslast in Relation zum gesamten Fremdkapital.

$$Fremdkapitalrentabilität\ in\ \% = \frac{Fremdkapitalzinsen}{Fremdkapital}$$

So erhält man den durchschnittlichen Zinssatz, den man für das Fremdkapital erbringen muss.

2.3 Produktivität, Wirtschaftlichkeit und Rentabilität

Die 4. und letzte Rentabilitätskennzahl ist die Umsatzrentabilität.

$$\text{Umsatzrentabilität in \%} = \frac{\text{Jahresüberschuss}}{\text{Umsatz}} \times 100$$

Einen generellen Richtwert zur Höhe der Umsatzrentabilität gibt es nicht. Hersteller aus dem Premiumsegment weisen in der Regel eine höhere Umsatzrendite aus als Anbieter von Massenprodukten. So erzielen Einzel- und Großhändler oft eine relativ geringe Umsatzrendite von 2 bis 10 % im Jahr. Bei pharmazeutischen Unternehmen oder auch Betrieben aus der IT-Branche sind dagegen höhere Renditen bis zu 20 % zu erwarten. Daher haben diese Renditewerte allein wenig Aussagekraft. Erst ihre Betrachtung in Zusammenhang mit anderen betriebswirtschaftlichen Kennzahlen erlaubt eine realistische Beurteilung der Wirtschaftlichkeit der Unternehmungen.

Unternehmensintern ist die Umsatzrendite interessant, wenn man sie Jahr für Jahr fortschreibt. Sinkende oder steigende Umsatzrenditen geben Anlass für tiefer gehende Analysen. Für Externe ist diese Kennzahl bei Unternehmensvergleichen interessant.

▶ Zusammenfassend kann man sagen, dass Produktivität, Wirtschaftlichkeit und Rentabilität die Kernsteuerungsgrößen für wirtschaftliches Denken sind. In jedem wirtschaftlichen Entscheidungsprozess schwingen diese drei Größen explizit oder implizit mit.

In diesem Punkt unterscheiden sich die Denkweisen vor allem zwischen Technikern und Wirtschaftlern. Als technischer Diplomingenieur, der vor dem Studium zwei Jahre in einer Fabrik gearbeitet hat und Diplom-Kaufmann, weiß ich, wovon ich rede. In der Papierindustrie wollten Techniker mit jeder neuen Papiermaschine immer neue Rekorde aufstellen. Schneller, breiter und immer mehr Output war das Ziel. Die Preise für die Maschinen entwickelten sich mit diesem Trend exponentiell. Es wurde immer schwieriger, diese Maschinen in Betrieb zu nehmen. Die Qualität war schlecht und die Ausschussquote hoch. Frühe Umbauten waren die Folge. All das sorgte dafür, dass die Stückkostenreduzierung nicht erreicht wurde.

In einem gigantomanischen Projekt hat Thyssen-Krupp ein Stahlwerk in Brasilien gebaut, das sie nie richtig in Betrieb nehmen konnten. Nach ein paar Jahren wurde es mit Milliardenverlust verkauft, wodurch die Existenz des ganzen Konzerns ins Wanken gebracht wurde. 2020 musste die Konzernperle, das Aufzugsgeschäft, verkauft werden. Dabei hatte hier das Unternehmen die kreativste Invention im Fahrstuhlbau seit der Erfindung der automatischen Absturzbremse von Otis hervorgebracht: Mehrere Kabinen fahren in einem Schacht. Die Kabinen können horizontal ausweichen und einander Platz machen. Für diese sensationelle Technik hat man den Versuchsturm (ca. 300 m hoch) in Rottweil gebaut. Für den Hochhausbau bedeutet das einen Quantensprung. Es werden viel weniger Fahrstuhlschächte gebraucht. Das höchste Haus Shanghais hat immerhin 161 Fahrstuhlschächte. Das heißt, es gibt mehr vermietbare Fläche und damit eine höhere Wirtschaftlichkeit. Diese sensationelle Erfindung musste zur Rettung des Unternehmens abgestoßen werden, weil man sich mit einem maßlosen Projekt der Old Economy verzockt hatte. Die Zukunft wurde der Vergangenheit geopfert. Nebenbei bemerkt: Als ich 2019 den Versuchsturm in Rottweil besuchte, fiel mir auf, dass die meisten Besucher Chinesen waren.

> **Exkurs: Invention/Innovation**
> Wirtschaftlich spricht man von einer Invention, wenn die eigentliche Erfindung gemeint ist.
> Von einer Innovation spricht man erst, wenn es gelingt, diese Invention auch wirtschaftlich zu nutzen.

Ein wirtschaftlich denkender Mensch wird nicht nach neuen Weltrekorden bei Maschinen streben, sondern er wird sich fragen, ob ein Baukastenprinzip nicht produktiver und damit wirtschaftlicher und rentabler ist. Er wird nicht an funktionsfähigen Maschinen festhalten (seien sie noch so schön), wenn er sie gut verkaufen kann und das reinvestierte Kapital eine höhere Rendite erzielt als die alte Maschine. Er wird bei einer Anfrage nach einem Bauteil nicht eine Neukonstruktion beginnen, sondern erst einmal schauen, ob es dieses Bauteil nicht in ähnlicher Form schon gibt, sodass man es nur ändern müsste. Die Produktivität, Wirtschaftlichkeit und Rentabilität dominieren das wirtschaftliche Denken.

Da ich aus einer reinen Technikerfamilie stamme, könnte ich sehr viele Beispiele für die unterschiedlichen Denkweisen bei Technikern und Wirtschaftlern erzählen. Aber ich will nicht polarisieren, sondern eher Verständnis wecken und zusammenführen. Für mich habe ich die Grundlage durch mein Doppelstudium gelegt. Es gibt sehr viele Studiengänge mit Doppelcharakter (Wirtschaftsingenieur). Man kann sich aber auch autodidaktisch auf dem anderen Denkfeld weiterbilden und so neue Perspektiven finden. Wendelin Wiedeking, der frühere Vorstandsvorsitzende von Porsche, ist vom Studium her promovierter Diplom-Ingenieur. Wie er sich seine Wirtschaftskenntnisse angeeignet hat, weiß ich nicht. Aber das, was er wirtschaftlich (und natürlich auch technisch) in den schwierigsten Jahren von Porsche auf die Beine gestellt hat, ist vorbildlich. Seine Publikationen sind lesenswert.

Reinhold Würth konnte nicht einmal seine Lehre fertig machen, als er das kleine Familienunternehmen von seinem verstorbenen Vater übernommen hat. Er hat ein

Weltunternehmen daraus gemacht, ist Honorarprofessor am KIT (Karlsruhe Institut für Technologie), mehrfacher Dr. h.c. und auch sonst mit Ehrungen überhäuft. Wenn ich einen Vortrag von Reinhold Würth gehört habe, habe ich Gänsehaut bekommen.

Wenn es mir gelingen würde, mit diesem Büchlein dafür zu sorgen, dass Nichtwirtschaftler aller Couleur ein wenig Verständnis für die wirtschaftliche Denkweise bekämen, dann hätte ich mein Ziel erreicht.

2.4 Weiterentwickelte Unternehmensmodelle

Das in 2.2. entwickelte interne Unternehmensmodell ist nur eines von vielen möglichen. Es hat den Vorteil, dass man die zentralen betriebswirtschaftlichen Kennzahlen darin entwickeln kann, und darüber hinaus mit der Finanzplanung auch das wichtigste finanzwirtschaftliche Planungsinstrument. Es ist leicht eingängig und auch die Funktion der Buchhaltung ist verständlich erklärbar (siehe Abb. 2.11).

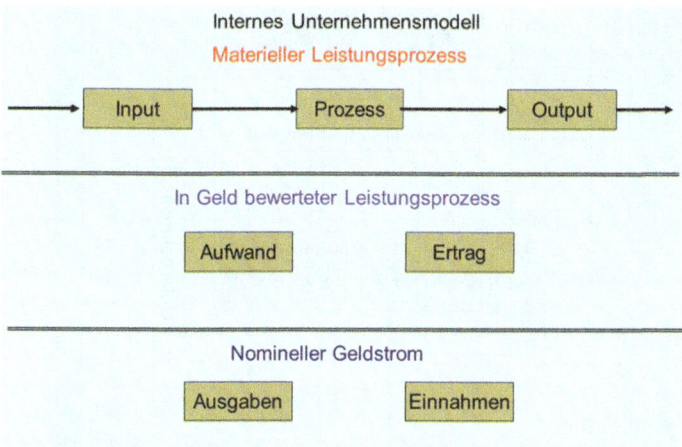

Die Art des gewählten Modelles hängt im Wesentlichen von den Zielen ab, die man verfolgt. Es gibt Kreislaufmodelle oder Prozessmodelle. Wenn man das Unternehmen im Kontext seines Umfeldes darstellen will, sind andere Darstellungen günstiger. In Anlehnung an „den Wöhe" soll exemplarisch eine Variante gezeigt werden (Günter Wöhe, Ulrich Döring et al., Einführung in die allgemeine Betriebswirtschaftslehre, Vahlen Verlag; seit 1960 das Standardwerk der ABWL in Deutschland).

Das Ziel dieses Modelles ist es, den internen Bereich zu erweitern und um die Stakeholder zu ergänzen (Abb. 2.16). Als Stakeholder wird eine Person oder

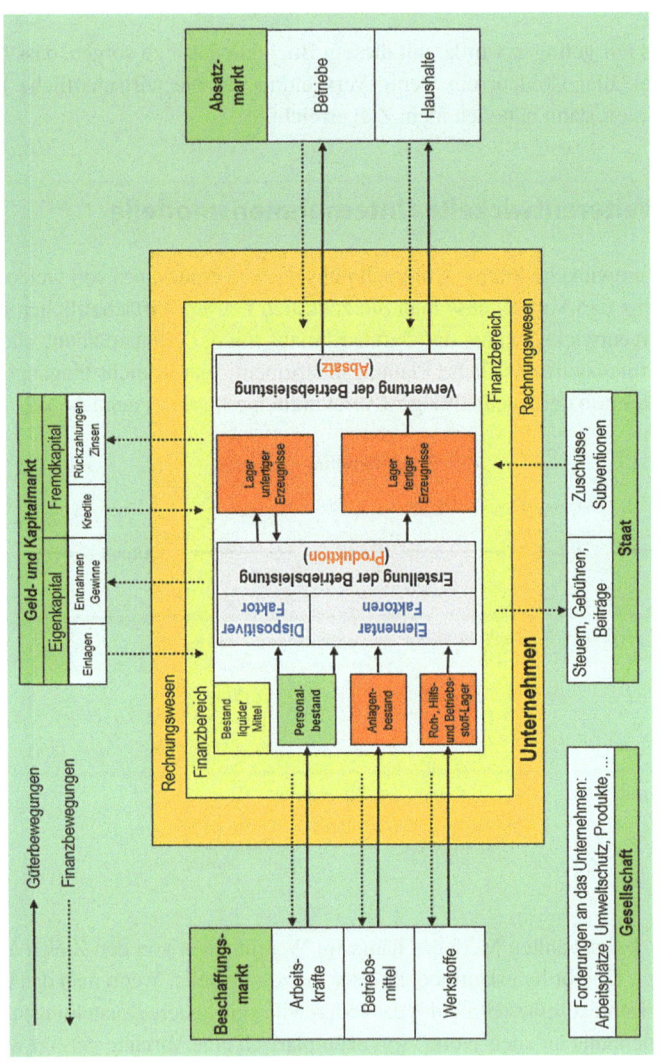

Abb. 2.16 Erweitertes Unternehmensmodell. (Quelle: eigene Grafik in Anlehnung an „den Wöhe")

Gruppe bezeichnet, die ein berechtigtes Interesse am Verlauf oder Ergebnis eines Prozesses oder Projektes hat. In der Betriebswirtschaftslehre wird Stakeholder als Anspruchsgruppe übersetzt.

Das zentrale Rechteck entspricht dem Drei-Schichten-Modell. In der Mitte ist der rein materielle Bereich mit Input, Prozess und Output. Der erste Ring (gelb) darum ist der Finanzbereich (Ausgaben und Einnahmen). Der zweite Ring (Rechnungswesen) entspricht der zweiten Ebene im Drei-Schichten-Modell (Aufwand und Ertrag). Durch die Hinzunahme des Kontextes mit dem Beschaffungsmarkt, dem Absatzmarkt, dem Geld- und Kapitalmarkt, dem Staat und der Gesellschaft wurde es möglich und auch notwendig, die Güter- und Finanzströme darzustellen. Unter Berücksichtigung der Zielsetzung ist hier dieses Modell das günstigere.

Wenn man ein internes Unternehmensmodell benutzen möchte, um die Kennzahlen Produktivität, Wirtschaftlichkeit und Rentabilität zu entwickeln, ist das Drei-Schichten-Modell besser geeignet. Der Zusammenhang zwischen dem internen Unternehmen und den Stakeholdern lässt sich im „Wöhemodell" verständlicher erklären. Es gibt noch eine Vielzahl von Unternehmensmodellen, die im Kern gleich sind, aber unterschiedlich aussehen, weil unterschiedliche Ziele verfolgt werden.

2.5 Bilanz, G&V und doppelte Buchhaltung

Von Nichtbetriebswirten wird die doppelte Buchführung, der Jahresabschluss oder die Bilanz oft als etwas Kryptisches oder Geheimnisvolles betrachtet. Selbst mancher Kleinunternehmer „schmeißt" seinem Steuerberater (die oft auch einen Buchhaltungsservice anbieten) die Rechnungen kartonweise ins Büro und lässt sich überraschen von dem, was am Ende herauskommt. Es soll auch schon so manchen Unternehmer gegeben haben, der nicht bemerkt hat, dass er auf einen Konkurs zusteuert. Dabei lässt sich die finanzielle Situation mithilfe der eigenen Buchhaltung gut kontrollieren und auch steuern. Die venezianischen Kaufleute, die die doppelte Buchführung entwickelt haben, waren nicht umsonst in ihrer Zeit die vermögendsten Kaufleute der Welt. Sie hatten ihre Geschäfte immer im Griff und dank der doppelten Buchführung hatten sie sehr früh Hinweise auf Entwicklungen, die nicht gut liefen. Sie waren in der Lage, „kybernetisch" zu steuern. Dieses Vorgehen wird heute im Rahmen des Controllings durchgeführt. Die Buchhaltung ist die Reflexion aller materiellen Prozesse in einem Unternehmen, allerdings in Geld bewertet. Wir haben oben bereits die Gewinn- und -Verlust-Rechnung (G&V), ein

Element des Jahresabschlusses, behandelt. Hier werden die Aufwendungen und die Erträge für ein Geschäftsjahr aufgelistet und am Ende sollten die Erträge höher sein als die Aufwendungen. Dann hat man einen Gewinn erzielt. Die Konten, die man zum Buchen der G&V benötigt, werden deshalb auch „Erfolgskonten" genannt. Wie verhält es sich aber mit der Bilanz? Was heißt „Aktiva" und „Passiva"? Ich will das Verständnis für die Bilanz mit einer kleinen Parabel beginnen. Stellen Sie sich vor, Sie möchten ein Haus kaufen. Sie haben 100.000 € gespart. Dieses Geld liegt der Einfachheit halber auf Ihrem Bankkonto. Wenn Sie nun eine Eröffnungsbilanz erstellen würden, sähe diese wie folgt aus:

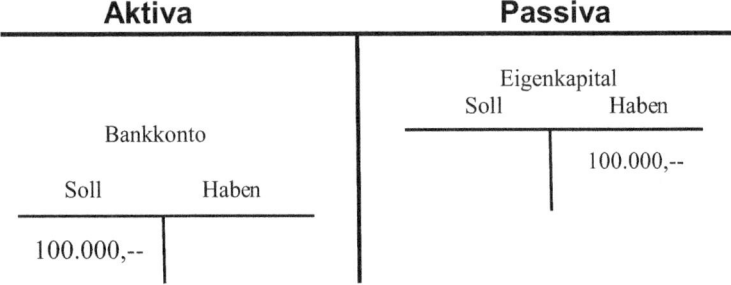

Für Ihre Eröffnungsbilanz brauchen Sie nur eine einzige Buchung. Die Konten in der Bilanz heißen „Bestandskonten". Der Buchungssatz lautet:

Per Bankkonto 100.000,-- (Soll) an Eigenkapitalkonto 100.000,-- (Haben).

Die Buchungen (ein Buchungssatz) lauten immer per Soll an Haben und werden immer auf zwei Konten gebucht. Auch deshalb doppelte Buchführung. Auf der Aktivseite sind die Bestände und die Zugänge immer im Soll (links) und auf der Passivseite sind die Bestände und die Zugänge im Haben (rechts). Die Abgänge werden jeweils auf der anderen Kontoseite gebucht. Die Bestände sind somit gespiegelt. Links sind die Bestände links und rechts sind die Bestände rechts.

Ihre Eröffnungsbilanz ist fertig und ausgeglichen. Der Saldo der Bestände ist null, die Bilanz ist somit ausgeglichen.

Sie wollen ein Haus kaufen und benötigen dafür natürlich mehr Geld. Unterstellen wir, dass Sie 400.000 € für den Hauskauf benötigen. Dann müssen Sie 300.000 € Kredit bei der Bank aufnehmen. Sobald das Geld auf ihrem Konto eingeht, müssen Sie es buchen. Sie brauchen eine neue Kontengruppe in den Passiva.

Bisher steht dort nur das Eigenkapital. Ein Kredit ist Fremdkapital, somit eine monetäre Verpflichtung Dritten gegenüber. Der Einfachheit halber nennen wir das Konto nur „Fremdkapital". Der Buchungssatz für diese Buchung lautet:

Per Bankkonto 300.000,-- (Soll) an Fremdkapitalkonto 300.000,-- (Haben).

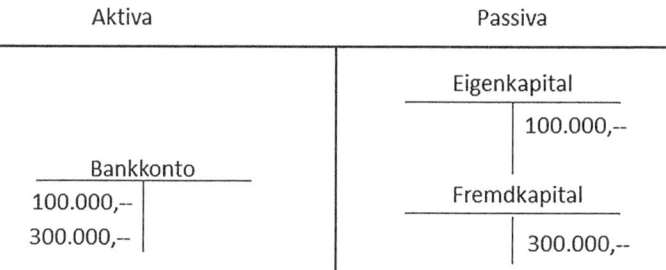

Der Einfachheit halber wird im Folgenden auf die Bezeichnungen „Soll" für die linke Seite, und „Haben" für die rechte Seite der Konten verzichtet. Die Bilanz ist wieder ausgeglichen. Die Bestandsseiten in der Bilanz lauten jeweils auf 400.000 €.

Nun kaufen Sie das Haus und Sie bezahlen es vom Geld Ihres Bankkontos. Dafür benötigen wir im Aktiva ein neues Bestandskonto, das wir „Haus" nennen. Der Buchungssatz für die Hausbuchung lautet:

Per Hauskonto 400.000,-- (Soll) an Bankkonto 400.000,-- (Haben).

In den Konten sieht das dann so aus:

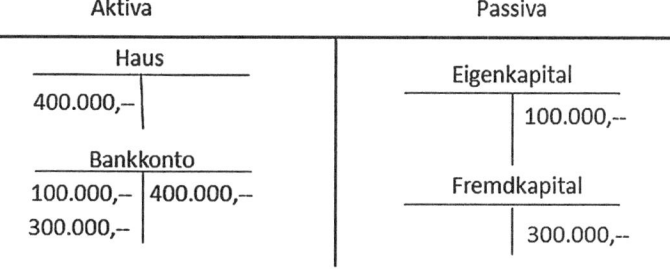

Ein solcher Geschäftsvorfall wird im Übrigen auch „Aktivtausch" genannt. Es sind nur Aktivkonten durch die Buchung und den Geschäftsvorfall betroffen. Solche Geschäftsvorfälle sind „erfolgsneutral". Ein Wertebestand (Geld) wird durch einen anderen Wertebestand (Haus) ersetzt. Es ist kein G&V-Konto betroffen, die Bilanz verlängert oder verkürzt sich nicht. Auf dem Bankkonto neutralisieren sich Soll und Haben. Es ist auf null gestellt. In einer richtigen Buchführung bleiben alle Buchungen erhalten. Auch Fehlbuchungen dürfen nicht annulliert werden, sondern sie müssen durch Korrekturbuchungen berichtigt werden, sodass jeder Fehler für immer dokumentiert bleibt.

Wenn man das ausgeglichene Bankkonto nun weglässt, stellt sich die Bilanz jetzt so dar:

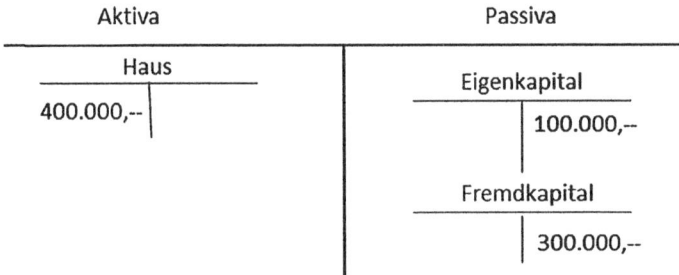

Dieses Bild ist für das Verständnis der Bilanz ganz entscheidend. Das reale Vermögen steht in den Aktiva. Das, was dort steht, kann man meistens anfassen oder anschauen. Hier stehen Grundstücke, Häuser, Maschinen, Geld oder auch längerfristige Bestände. Hier steht das „**Vermögen**" des Unternehmens. Das, was in den Passiva steht, ist mit dem neueren Ausdruck „virtuell" besser beschrieben. In den Passiva wird aufgelistet, wo die Mittel herkommen, mit denen das Vermögen in den Aktiva aufgebaut wurde.

Man könnte eine Bilanz zur Definition auch mit folgenden Begriffspaaren so beschreiben, wie in Abb. 2.17 dargestellt.

Keine Privatperson wird für den Kauf einer Immobilie eine Bilanz erstellen. Dieses Beispiel sollte als Parabel zum Verständnis dienen. Unternehmensbilanzen werden natürlich viel weiter aufgegliedert sein. Abb. 2.18 zeigt, wie eine Unternehmensbilanz in der Grundstruktur aussieht.

2.5 Bilanz, G&V und doppelte Buchhaltung

Aktiva	Passiva
Mittelverwendung	Mittelherkunft
Reales Vermögen	Virtuelle Vermögensentstehung
Investitition	Finanzierung

Abb. 2.17 Abstrakte Bilanzdefinition. (Quelle: eigene Grafik)

Aktiva	Passiva
Anlagevermögen	Eigenkapital
Umlaufvermögen	Fremdkapital

Abb. 2.18 Abstrakte Bilanzbeschreibung. (Quelle: eigene Grafik)

Das *Anlagevermögen* ist weiter unterteilt in:

- *Immaterielle Vermögensgegenstände*. Das sind zum Beispiel käuflich erworbene Konzessionen, Schutzmarken oder Handelsnamen (Brands).
- *Sachanlagen*. Das sind im Wesentlichen Grundstücke, Gebäude und Maschinen.
- *Finanzanlagen*. Das sind Beteiligungen oder langfristige Ausleihungen an verbundene Unternehmen.

Das *Umlaufvermögen* ist weiter unterteilt in:

- *Vorräte*. Das sind Vermögensgegenstände, die im Rahmen des Betriebsprozesses zur kurzfristigen Veräußerung, zum Verbrauch, zur Verarbeitung oder zur Rückzahlung bestimmt sind.
- *Forderungen*, meistens aus Lieferungen und Leistungen, die (umgangssprachlich) noch nicht bezahlt sind.
- *Wertpapiere*, die nicht zur langfristigen Anlage erworben wurden.
- *Kassenbestand*. Dazu zählen alle Geldkonten und natürlich auch die „richtige" Kasse.

Die Liquidierbarkeit der Inhalte nimmt in den Aktiva von oben nach unten zu. Geld ist liquide, während ein Grundstück schwer und langsam liquidiert werden kann.

Das *Eigenkapital* ist weiter unterteilt in:

- *Gezeichnetes Kapital.* Das besteht bei Aktiengesellschaften im Wesentlichen aus dem Grundkapital. Bei einer GmbH nennt man es Stammkapital.
- *Rücklagen.* Die verschiedenen Rücklagenpositionen zeigen im Wesentlichen den Erfolg der Vergangenheit des Unternehmens. Hier werden nicht ausgeschüttete Gewinne der Vergangenheit als Finanzierungsquelle aufgeführt.
- *Bilanzgewinn oder Bilanzverlust.* Der Bilanzgewinn oder -verlust ist der letzte Posten, der übrig bleibt, wenn alle anderen Buchungen vorgenommen sind. Auch die Zuführungen oder Entnahmen zu den Rücklagen sind bereits gebucht. Er muss nicht mit dem Jahresüberschuss identisch sein.

Die *Rückstellungen* sind ungewisse Verbindlichkeiten. Wird ein Unternehmen z. B. verklagt und es rechnet mit einer Zahlung, dann muss es in dem Geschäftsjahr der Klage die zu erwartende Zahlung schätzen und eine Rückstellung dafür bilden. Der Aufwand dafür belastet dann das richtige Geschäftsjahr (das Jahr der Klageentstehung) und wirkt in diesem Jahr gewinnschmälernd.

Das *Fremdkapital* ist weiter unterteilt in:

- *Anleihen.* Juristische Personen (Aktiengesellschaften und Gesellschaften mit beschränkter Haftung) können, anders als Privatpersonen, Forderungspapiere begeben, durch die ein Kredit am Kapitalmarkt aufgenommen wird. Das werden nur sehr große Unternehmen tun.
- *Verbindlichkeiten gegenüber Kreditinstituten.* Das ist der klassische Bankkredit in seinen verschiedenen Formen.
- *Erhaltene Anzahlungen.* Hier sind die Kunden der Kreditgeber.
- *Verbindlichkeiten aus Lieferungen und Leistungen.* Ein Unternehmen bezieht Roh- oder Hilfsstoffe und nutzt das Zahlungsziel aus.

Für die Gewinn- und Verlustrechnung gibt es kein Gliederungsschema. Sie besteht aus Aufwandskonten und Ertragskonten. Jedes Konto besteht wie üblich aus Soll und Haben. Je nachdem, um was für ein Unternehmen es sich handelt, werden die Kontenpläne und der Inhalt der Konten unterschiedlich sein.

In welcher Relation stehen die G&V und die Bilanz?

Jede Buchung in der G&V hat eine Gegenbuchung in der Bilanz (deshalb doppelte Buchführung). Man stellt sich das stark vereinfacht so vor. Man kauft Material und zahlt vom Bankkonto. Der Buchungssatz lautet:

2.5 Bilanz, G&V und doppelte Buchhaltung

Materialaufwand (G&V-Konto) an Bankkonto (Aktivkonto der Bilanz).

Verkauft man fertige Leistungen, bucht man:

Bankkonto (Aktivkonto der Bilanz) an Verkaufsertrag.

Durch die gleichzeitige Buchung in der G&V und der Bilanz sind diese zwei Rechenwerke synchronisiert. Das heißt, ein Jahresüberschuss, der sich am Jahresende in der G&V ergibt, stellt sich betragsgleich auch in der Bilanz dar. Grafisch kann das dann so aussehen wie in Abb. 2.19.

Wir befinden uns hier wieder im Bereich des Modelldenkens. Abb. 2.19 zeigt das Jahresergebnis auf einem sehr hohen Abstraktionsniveau. Die Lücken zwischen Aktiva und Passiva in der Bilanz und Ertrag und Aufwand in der G&V sind gleich groß. Die Lücken entsprechen dem Gewinn oder Jahresüberschuss. Aus diesem sind noch die Steuern zu zahlen. Diese Zahlung stellt Aufwand dar, sodass sich der Aufwandsbalken verlängert. Durch die Zahlung über das Bankkonto in den Aktiva verkürzen sich die Aktiva. Genauso verhält es sich mit den Zahlungen an die Anteilseigner (Dividende). Der Aufwandsbalken verlängert sich, die Aktiva verkürzen sich. Der noch verbliebene Gewinn wird in die Rücklagen (Eigenkapital) gebucht (Abb. 2.20).

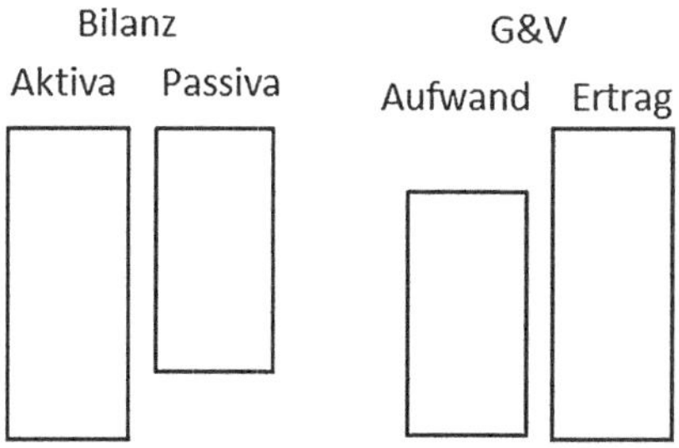

Abb. 2.19 Jahresüberschuss in G&V und Bilanz. (Quelle: eigene Grafik)

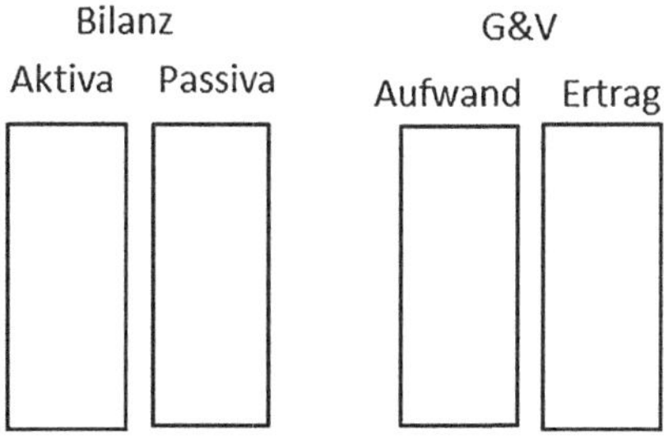

Abb. 2.20 Ausgeglichene G&V und Bilanz. (Quelle: eigene Grafik)

Bilanz und G&V sind nach der letzten Buchung, der Zuführung zu den Rücklagen, ausgeglichen. Mit dem ersten Tag des neuen Geschäftsjahres wird eine neue G&V für dieses Geschäftsjahr begonnen. Alle Aufwands- und Ertragskonten starten bei null. Anders ist es bei der Bilanz. Die wird mit den Abschlussdaten des letzten Geschäftsjahresendes fortgeschrieben. Die Bilanz an einem Geschäftsjahresende ist die Eröffnungsbilanz für das darauffolgende Geschäftsjahr. Damit wird auch der Unterschied in Bezug auf den Zeithorizont der beiden Rechenwerke sehr deutlich:

▶ Die G&V ist ein Rechenwerk für nur ein Geschäftsjahr. Die Bilanz ist ein Rechenwerk, das von der Gründung (Gründungsbilanz) bis zum aktuellen Stichtag fortgeschrieben und kumuliert wird.

Ein Grundstück, welches vor 200 Jahren gekauft wurde, wird in den Aktiva weiterhin aufgelistet sein, wenn es sich noch im Besitz des Unternehmens befindet. Vermutlich wird es mit einem Wert bilanziert, der weit unter dem Marktwert liegt, aber es steht in der Vermögensaufstellung und repräsentiert eine hohe stille Reserve. Das heißt, wenn das Grundstück verkauft werden würde, erzielt man sehr viel höhere Erlöse, als es der ausgewiesene Wert in der Bilanz aussagt.

Die in der Bilanz ausgewiesenen Werte kann man als sichtbares Vermögen bezeichnen, die stillen Reserven kann man als unsichtbares Vermögen des Unternehmens bezeichnen.

Exkurs: Haftung
Womit haftet ein Unternehmen? Diese Frage habe ich in höheren Semestern Studenten häufig gestellt, wenn sie mir Anlass gegeben haben, an ihren Bilanzkenntnissen zu zweifeln. Zum Beispiel, wenn sie negative Rückstellungen berechnet haben und es ihnen nicht vermittelbar war, dass null der niedrigste Stand einer Rückstellung sein kann. Die Frage bezog sich auf Aktiengesellschaft. Die häufigste Antwort war: „Mit dem Grundkapital." Die zweithäufigste Antwort war: „Mit dem Eigenkapital." Sie hatten bis zum 4. Semester nicht verstanden, dass in den Passiva der Bilanz keine realen Werte stehen, sondern nur die Kapitalherkunft ausgewiesen wird. Mit Passiva kann man nicht haften. Jede Kapitalgesellschaft haftet mit seinem gesamten Vermögen, welches natürlich in den Aktiva steht. Es haftet mit dem sichtbaren und auch dem unsichtbaren Vermögen. In Personengesellschaften (GBR, OHG und die Komplementäre einer KG) haften darüber hinaus die persönlich haftenden Gesellschafter mit ihrem gesamten Privatvermögen.

2.5 Bilanz, G&V und doppelte Buchhaltung

Das nennt sich „gesamtschuldnerische Haftung". Das gesamte sichtbare Vermögen einer Aktiengesellschaft abzüglich der Verbindlichkeiten entspricht zwar dem Eigenkapital. Da man aber mit einem virtuellen Posten nicht haften kann, ist die Antwort: „Mit dem Eigenkapital" trotzdem nicht richtig.

Aus einer Bilanz kann man herauslesen, wie erfolgreich ein Unternehmen in seiner Vergangenheit gewesen ist. Wenn eine Aktiengesellschaft über Rücklagen verfügt, die das Grundkapital um das X-Fache übersteigen, zeigt das, dass hier kumulierte, nicht ausgeschüttete Gewinne angesammelt wurden. Solche Unternehmen werden auch in der Regel eine höhere Eigenkapitalquote haben. Das zeugt von einer soliden Finanzierung. Eine niedrigere Eigenkapitalquote bietet (wie oben bereits beschrieben) über den Leverage-Effekt die Möglichkeit, die Eigenkapitalrendite stark zu steigern. Gehen die Gewinne zurück, kommt man damit aber auch schneller in die Verlustzone. Bei einer hohen Eigenkapitalquote ist das nicht so schnell möglich. Mit hohen Rücklagen und einer hohen Eigenkapitalquote kann man auch viele schlechte Jahre unbeschadet überstehen.

Ein weiteres Kriterium für Stabilität eines Unternehmens ist das Volumen an stillen Reserven, die man allerdings nicht direkt in der Bilanz sehen kann. Es gibt verschiedene Möglichkeiten, stille Reserven zu generieren. Abgeschriebene Anlagen, die noch einen Wert besitzen, unterbewertete Warenbestände und zu hohe Rückstellungen sind Beispiele dafür. Bei kontinuierlich steigenden Grundstücks- und Immobilienpreisen ist der ausgewiesene Immobilienbesitz in den Aktiva natürlich ein starker Hinweis auf stille Reserven. Versicherungsunternehmen verfügen im Rahmen ihrer Kapitalanlagen häufig über einen sehr großen Immobilienbesitz. Mitunter übersteigen der Wert der Immobilien inklusive der stillen Reserven die Marktkapitalisierung. Das ist der theoretische Wert eines Unternehmens, der sich errechnet aus:

Anzahl Aktien × Aktienkurs = Marktkapitalisierung

Die Marktkapitalisierung drückt somit den theoretischen Wert eines Unternehmens aus, den Shareholder Value. Der Wert ist theoretisch, da bei starker Nachfrage nach Aktien der Kurs steigt und bei einem starken Angebot an Aktien der Kurs fällt. Die Marktkapitalisierung bezieht sich auf einen bestimmten Tageskurs der Aktie, gibt aber einen starken Hinweis auf die Bewertung durch die Aktionäre respektive den Markt.

3 Globalsteuerungsansätze

3.1 Shareholder Value

Makroökonomische Entwicklung
Am 10. April 1947 trafen sich auf dem Mont Pèlerin in der Nähe von Vevey am Genfer See eine Gruppe von Nationalökonomen, Journalisten und Geschäftsleuten. Das Treffen fand in einem Hotel statt und hatte den Zweck, über die zukünftige Weltwirtschaftsordnung nachzudenken. Gründer waren der Deutsche Friedrich August von Hayek und der Amerikaner Milton Friedman. Neben Friedman erhielten auch einige andere Gründungsteilnehmer später den sogenannten „Wirtschaftsnobelpreis". Er wurde nicht von Alfred Nobel ausgelobt, sondern er wird von der schwedischen Reichsbank gestiftet. Gegen das Einzelvotum des Philosophen Karl Popper, der einen eher humanistischen und pluralistischen Ansatz verfolgte, erklärte man die freie Marktwirtschaft zur unverzichtbaren Voraussetzung einer nachhaltigen Zukunftssicherung.

Die sogenannte „Mont Pèlerin Society" gründete sich als zentraler Knotenpunkt neoliberaler Netzwerke, mit der Absicht – ohne Übernahme von Ämtern – Einfluss auf die Politik auszuüben. Die „Mont Pèlerin Society" versteht sich als Denkfabrik. Die derzeitig ca. 1000 Mitglieder treffen sich immer noch regelmäßig. Das Treffen auf dem Mont Pèlerin kann als Urknall des Neoliberalismus bezeichnet werden.

Wie groß der Einfluss der „Mont Pèlerin Society" war, zeigte sich erst einige Jahrzehnte später. Margaret Thatcher (ab 1979 Premierministerin von Großbritannien) hatte in ihrem Beraterstab für wirtschaftspolitische Fragen zahlreiche Mitglieder der „Mont Pèlerin Society". Diese waren es, die ihr – neben vielen anderen

Empfehlungen – zur Deregulierung des Finanzmarktes in Großbritannien rieten. Man muss sehen, dass es 1929 zu einer Weltwirtschaftskrise gekommen war, an deren Folgen die Welt Jahrzehnte zu knabbern hatte. Zur Vermeidung einer neuen ähnlichen Katastrophe hatte man weltweit zahlreiche Regulierungen der Banken und der Finanzmärkte eingeführt. Bis dahin hatten diese Maßnahmen 55 Jahre eine Wiederholung dieser Katastrophe verhindert. Aus nationalistischem Eigennutz (sie wollte London zum Finanzplatz Nr. 1 machen) schaffte sie alle Schutzmaßnahmen ab, sodass sich der Finanzmarkt ohne Schutzmaßnahmen selbst regulieren sollte.

Auch der in den USA gleichzeitig regierende Schauspieler und Präsident Ronald Reagan hatte zahlreiche Berater aus der „Mont Pèlerin Society" in seinem Beraterstab. Diese waren es, welche die sogenannten „Reagonomics" entwickelten. Sie basierten auf Thesen und Theorien der Chicagoer Schule. Für diese zeichnete Milton Friedman verantwortlich. Auch Reagan folgte Thatcher und deregulierte die Finanzmärkte der USA.

Damit war der Damm gebrochen. Um dem ungebremsten Abfluss der Banken und der „Finanzindustrie" in Richtung London und New York etwas entgegenzusetzen, mussten alle Länder der westlichen Welt auf die gleiche Weise reagieren und deregulierten ebenfalls ihre Finanzmärkte. Banken konnten ungebremst Geldschöpfung betreiben. Da zu viel Geld am Markt war, vergab man Kredite, ohne das Vorsichtsprinzip zu beachten. Wenn Kredite toxisch wurden, wurden sie mehrstufig gebündelt und mit Fantasienamen als Fonds an die privaten Bankkunden verkauft. Inspiriert durch einen Internetpost hat der Kabarettist Chin Meier die Funktionsweise dieses Geschäftes bei Markus Lanz karikiert. Er ist bei Youtube unter folgendem Link anzusehen: https://www.youtube.com/watch?v=NMbVLtTmL-4.

> **Exkurs: Mangelnde Risikotransparenz**
> Ich war 2007 als Vertreter unserer Hochschule auf die 50-Jahr-Feier der Deutschen Bundesbank eingeladen. Nach den Festreden zahlreicher Prominenter (vor allem Politiker), gab es einen Stehempfang. Meine Gesellschaft war dabei eher zufällig, da ich zwar viele Personen kannte, aber nur vom Fernsehen und nicht persönlich. An meinem Stehtisch entwickelte sich ein Gespräch zwischen dem österreichischen Handelskonsul und einem Vorstandsmitglied der damals größten Bank Deutschlands. Der Handelskonsul fragte den Vorstand, ob sie denn überhaupt noch wissen, welche Risiken sie im Portefeuille haben. Dieser gab zu, dass das in ihrem Hause niemand mehr wisse und dass auch er Gänsehaut bekomme, wenn er daran denkt. Daraufhin bekam ich auch Gänsehaut und war froh, dass ich mein Geld seit meiner Jugend und aus Überzeugung bei einer Sparkasse angelegt hatte.

Diese Situation gipfelte in der neuerlichen Finanzkrise 2009. Ohne die massiven staatlichen Eingriffe, Übernahmen und Garantien wäre es zu einer Erosion der „Finanzindustrie" gekommen, mit Folgen, die denen von 1929 in nichts nachgestanden hätten. Ursache (nicht Auslöser) dieser Finanzkrise war die neoliberale Deregulierung. Für diese Form der ungezügelt freien Marktwirtschaft wurden mehrere Alternativausdrücke kreiert. „Raubtierkapitalismus" ist einer davon. Robert Reich, Wirtschaftsprofessor und Arbeitsminister unter Bill Clinton kreierte den Ausdruck „Superkapitalismus". In seinem gleichnamigen Buch rechnet er mit dieser Kapitalismusform ab und beklagt, dass das „Sozial" in der „Sozialen Marktwirtschaft" der Nachkriegszeit vollständig dem Profit geopfert wurde.

In dieser Zeit entstanden auch neue Unternehmensformen der „Finanzindustrie" wie „Hedge-Fonds"- oder „Private-Equity"- Unternehmen. Peer Steinbrück hat in seiner Zeit als deutscher Finanzminister diese Unternehmen als „Heuschrecken" bezeichnet, und zwar berechtigterweise.

In der Folge der Finanzkrise von 2009 wurden zwar wieder viele Maßnahmen ergriffen und Regularien eingeführt, aber nicht um die nächste Krise zu verhindern, sondern um die Folgen abzufedern. Die Lasten trägt dabei der Staat und somit die Allgemeinheit, anders ausgedrückt: der kleine Mann oder die kleine Frau wie du und ich. Gewinne bleiben privatisiert, Verluste werden sozialisiert. Die verbrecherischen Geschäftsmodelle der Finanzindustrie haben diese Krise leider überlebt.

Mikroökonomische Entwicklung
Diese makroökonomische Entwicklung (auf Staatenebene) hatte natürlich auch Auswirkungen auf die mikroökonomische Entwicklung (auf Unternehmensebene). Der Bankenbereich (oder die Geldindustrie) wurde so etwas wie der Multiplikator für die übrige Wirtschaft. Um immer höhere Eigenkapitalrenditen zu erzielen, wurden Anreizsysteme für die Vorstände der Großunternehmen entwickelt. Die Bezahlung der Vorstände beinhaltete nur noch ein relativ geringes Fixum, konnte aber durch Erfolgsbeteiligung fast ins Unermessliche gesteigert werden (hauptsächlich in den USA). Die Erfolgsbeteiligung orientierte sich am Gewinn und der Wertsteigerung des Unternehmens an der Börse (Shareholder Value). Da Vorstände immer nur 5-Jahres-Verträge haben, hatten sie nicht viel Zeit, um schnell reich zu werden. Denn wenn sich der Erfolg nicht kurzfristig einstellte, waren die Vorstände ihren Job gleich wieder los. So entstand das extrem kurzfristige Denken in den Unternehmen. Maßnahmen, die erst in 5 bis 10 Jahren greifen, hätten womöglich erst den Nachfolgern genutzt. So kam es zu Produktionsverlagerungen in Billiglohnländer, Reduzierung der Mitarbeiterzahlen, Erpressung der Lieferanten mit Preisdiktat und vielem mehr.

> **Exkurs: Preisdiktat**
> Ein Freund von mir produziert Klebe- und Dichtstoffe für die Bauindustrie und auch für die Automobilindustrie. Eines Tages erzählte er mir, dass ein sehr großes deutsches Discountunternehmen bei ihm angefragt habe, ob er Zehntausende Silikonkartuschen an sie liefern möchte. Sie garantierten vollständige Abnahme und vertragsgemäße Bezahlung (das bedeutete ein sehr langes Zahlungsziel). Weiterhin diktierten sie ihm seinen Verkaufspreis. Der war nach Aussage meines Freundes so niedrig, dass er nicht einmal die Rohstoffe für diesen Preis einkaufen konnte. Dass andere Hersteller auf diesen Deal eingestiegen sind, kommentierte er mit der Aussage: „Dann kannst du dir vorstellen, was für eine Sch …… da drin ist."

Dieses Verhalten war in den letzten Jahrzehnten des 20. Jahrhunderts gang und gäbe. Eines der unrühmlichsten Beispiele geht einher mit dem Namen Ignacio López (de Arriortúa), einem Spanier, der in der Automobilindustrie gewütet hat. Volkswagen (Piech) hatte ihn und sieben seiner „Krieger" bei Opel abgeworben. Rücksichtsloses Preisdiktat bei den Zulieferern und Ausnutzung seiner Marktmacht führten zwar kurzfristig zu Kostenreduzierungen und damit zu einer Verbesserung der Ertragssituation. Mittel- und langfristig waren die Zulieferer gezwungen, ihre Qualität zu reduzieren, was sich auf die Qualität des Gesamtproduktes auswirkte. Dieser Effekt wird noch heute „Lopez-Effekt" genannt. Auch die Einführung geplanter Obsoleszenz (Alterung eines Produkts, das dadurch veraltet oder unbrauchbar wird) fällt in diese Zeit. Produkthaltbarkeit reduziert den Ertrag und war nicht mehr erwünscht.

Die Interessen der Stakeholder „Zulieferer, Mitarbeiter und Kunde" wurden der Gewinnmaximierung geopfert, damit der Shareholder Value so hoch wie möglich ausfällt, und damit auch die Vorstandsgehälter.

Während die Mitarbeiter massenhaft entlassen wurden, stiegen die Vorstandsgehälter raketenartig in hohe Millionenbeträge, vor allem in den USA. 2- bis 3-stellige Millionengehälter waren in den USA normal. Nach der Finanzkrise 2009 wurden diese Einkommen veröffentlicht. In Deutschland waren sie nicht ganz so hoch, aber zweistellige Millionengehälter waren keine Seltenheit. Während der Vorsitzende des Vorstandes der damals größten Deutschen Bank 15 Mio. im Jahr verdiente, erhielt der Chef seiner „Zockerbude" in London 35 Mio. Über 1000 Mitarbeiter dieser Bank erhielten inkl. Boni Gehälter über 1 Mio. €. Von dieser Bonilast hat man sich bis heute noch nicht befreit. Im Jahr 2020 erhielten bei dieser Bank immer noch 684 Mitarbeiter Jahresgehälter über 1 Mio. € (nach oben offen).

Das Ganze wurde auch noch unter dem Deckmäntelchen „Shareholder Value" verkauft. Dies war ein Ansatz des US-amerikanischen Ökonomen Rappaport, der den von ihm entwickelten Ansatz zur Ertragsoptimierung so nannte. Die Theorie, die Rappaport entwickelt hat, war sicher gut gemeint. Was in den Unternehmen von den Vorständen daraus gemacht wurde, war allerdings das Gegenteil von gut.

Der Wirtschaftsethiker Peter Ulrich vertritt die These, dass der Shareholder Value-Ansatz „unternehmensethisch nicht vertretbar" und als Grundlage einer Unternehmensphilosophie ungeeignet sei. Es gelte, „die legitimen Ansprüche aller Stakeholder in fairer, ausgewogener Weise zu berücksichtigen", also neben den Aktionären auch „die Mitarbeiter, die Lieferanten, Kunden sowie das gesamte gesellschaftliche Umfeld".

3.2 Stakeholder Value

Im Gegensatz zum Shareholder Value stehen bei Stakeholder Value alle Interessengruppen des Unternehmens im Zentrum des Handelns. Das betrifft sowohl die Wertschöpfungskette, vom Zulieferer über die Mitarbeiter zu den Abnehmern oder Endkunden, bis zu den Interessenten im Kontext des Unternehmens. Im erweiterten Unternehmensmodell in Anlehnung an Wöhe ist das auch grafisch sichtbar. Es sind im Wesentlichen die Gebietskörperschaften (von der Kommune bis zum Bundesstaat). Sie haben neben dem Interesse an Steuereinnahmen natürlich auch ein Interesse an Arbeitsplätzen für ihre Bewohner. Weiterhin zählen die Geldgeber zu den Stakeholdern. Am häufigsten werden es Banken sein, die ein Interesse an Zinszahlungen sowie Rückzahlung der Kredite haben. Um all diese Interessen zu berücksichtigen, ist eine kurzfristige Orientierung am Unternehmenswert und dem Gewinn nicht zielführend. Hier stehen langfristiges, strategisches Denken und die Orientierung am Unternehmenserhalt im Vordergrund. In der Frühzeit der Industrialisierung (Gründerzeit) standen bei den Gründern nicht der schnelle Reichtum und das Leben in Saus und Braus im Vordergrund, sondern die Gründer hatten in der Regel eine Botschaft. Beispielhaft sei hier Henry Ford erwähnt. Henry Ford wollte die amerikanische Gesellschaft (und später auch die der restlichen Welt) mit günstigen Autos mobilisieren. Sein Weg dahin war nicht einfach. Er hatte bereits zwei Konkurse hinter sich, bevor er die erfolgreichen Ford-Werke zu einem der weltweit größten Unternehmen machte. Die Schuld an den Konkursen gab er gierigen Bänkern, die nur schnelles Geld verdienen wollten, ohne etwas aufzubauen. Henry Fords Credo lautete: „Ein Geschäft, bei dem man nur Geld verdient, ist ein schlechtes Geschäft." Positiv formuliert und etwas moderner ausgedrückt könnte dies der Leitspruch des Stakeholder Values sein:

▶ Ein Geschäft ist dann ein gutes Geschäft, wenn alle am Wertschöpfungsprozess Beteiligten einen positiven Nutzen erzielen (umgangssprachlich auch gerne Win-win-Situation genannt).

Ford behandelte Lieferanten fair, bezahlte seine Mitarbeiter überdurchschnittlich, schuf Ausbildungsinstitute (bis hin zur Firmenuniversität) und führte vorbildliche soziale Leistungen ein. Die Kunden von Ford profitierten dadurch, dass durch Prozessoptimierung (wie man es heute nennen würde) Autos so günstig wurden, dass die Automobilisierung durch Ford erst ausgelöst wurde. Er engagierte Frederick Winslow Taylor, der bei Ford die Fließbandproduktion einführte, was die Produktionskosten erheblich senkte. Das Funktionsmeisterprinzip des Taylorismus geht auf ihn zurück und Taylor wird als Erfinder des „Fließbandes" gefeiert. Er hatte dieses Arbeitsteilungsprinzip allerdings schon in den Chicagoer Schlachthöfen kennengelernt und es lediglich auf die Automobilproduktion übertragen. Ford war auch kein Steuerflüchtling und protzte auch nicht mit seinem Reichtum, obwohl er zu Lebzeiten einer der wohlhabendsten Männer der Welt war. Er lebte als Nachbar von Thomas Alva Edison (seinem Freund) in einem relativ bescheidenen Haus in den USA. Lediglich die Bänker wurden nicht mehr Fords Freunde. Die Gründe dafür und noch viele sehr interessante Dinge und Wirtschaftsweisheiten, kann man in seiner Autobiografie: Henry Ford, Mein Leben und Werk, nachlesen. Es ist sicher nur noch antiquarisch zu erwerben oder in Fachbibliotheken ausleihbar.

Exkurs: Lebenserfahrungen
Eine völlig unterschätzte Quelle zum Sammeln von Wirtschafts-Know-how sind Biografien oder Autobiografien von großen und erfolgreichen Persönlichkeiten aus der Wirtschaft. Exemplarisch seien hier zwei Beispiele genannt. Die von Walter Isaacson verfasste Biografie über Steve Jobs liest sich spannender als mancher Krimi und der wirtschaftliche Lernnutzen ist sehr hoch.

Steve Jobs: Die autorisierte Biografie des Apple-Gründers.

Das zweite Beispiel bezieht sich auf eine deutsche Unternehmergröße, Wendelin Wiedeking. Er hat als sehr junger Dr. Ing. den Job als Vorstandsvorsitzender bei Porsche übernommen, als nicht einmal Piech diesen Job haben wollte. Er hat über Jahrzehnte aus einer kleinen Sportwagenschmiede ein gut verdienendes Weltunternehmen gemacht. Obwohl er nie Wirtschaft studiert hatte, war auch sein wirtschaftliches Agieren vorbildlich. Seine Ansichten und sein Handeln zeigen, dass er eher Vertreter des Stakeholder-Value-Ansatzes war. Die „Langfristigkeit" des Handelns stand im Fokus seines strategischen Denkens.

Wendelin Wiedeking: Anders ist besser; Ein Versuch über neue Wege in Wirtschaft und Politik.

Man muss nicht Wirtschaft studiert haben, um ein großartiger Wirtschaftsakteur zu werden oder zu sein.

3.2 Stakeholder Value

In der Gründerzeit der Industrialisierung gab es viele solcher Menschen, die sich nicht nur um ihre persönlichen Interessen kümmerten, sondern denen die Interessen aller am Wertschöpfungsprozess Beteiligten am Herzen lagen. Im Laufe der Entwicklung vom Beginn der Industrialisierung bis heute gab es einen Wandel weg von den Personengesellschaften hin zu den Kapitalgesellschaften. Weltweit agierende Aktiengesellschaften, die immer größer wurden, gewannen die Oberhand. Geleitet wurden sie von Vorständen oder Boards, deren Mitglieder nur noch eine Managementbeziehung zu dem Unternehmen hatten und keine Gründungs- oder Familienbeziehung. Der Shareholder Value rückte immer mehr in den Vordergrund und dadurch, dass die angestellten Manager nur Fünf-Jahres-Verträge haben, geriet das kurzfristige Denken immer mehr ins Zentrum des Handelns. Getrieben wurde dieser Prozess dadurch, dass sie immer weniger Fixum und immer mehr erfolgsabhängige Boni erhielten. Die Entwicklung zu kurzfristigem Denken konnte man parallel dazu auch in der Politik beobachten. „Nach mir die Sintflut. Hauptsache die nächste Wiederwahl ist gesichert, koste es, was es wolle", scheint das Motto der demokratischen Politiker in der westlichen Welt zu sein. Von Nachhaltigkeit oder Interesse an ihren Wählern keine Spur.

Ein wirtschaftlicher Biotop ist, primär in Deutschland, allerdings geblieben: die sogenannten Hidden Champions (Abb. 3.1).

„Als Hidden Champions (heimliche Gewinner) werden mittelständische Unternehmen bezeichnet, die in Nischen-Marktsegmenten Europa- oder Weltmarktführer geworden sind. Sie sind ‚heimliche Gewinner', weil sie sowohl in der Öffentlichkeit kaum bekannt und in der Regel keine Aktiengesellschaften sind und so auch nicht von Analysten und Investoren beobachtet werden. Auch sind die von ihnen besetzten Nischenmärkte volumenmäßig meist so eng sind, dass sie von Konzernen nicht beachtet werden bzw. nicht mit diesen im Wettbewerb stehen."(Gabler Wirtschaftslexikon, Hidden Champions, https://wirtschaftslexikon.gabler.de/definition/hidden-champions-54015). Die Hidden Champions sind ein wesentlicher Teil der Klein- und Mittelständischen Unternehmen (KMU), die sehr wesentliche Treiber der deutschen Wirtschaftsleistung sind. Diese Unternehmen sind häufig noch unter der Führung der Gründerfamilien und die Firmenwerte und Leitbilder orientieren sich eher am Stakeholder Value. Dies gilt nur so lange, wie sie nicht an Private-Equity-Unternehmen oder Hedgefonds verkauft werden. Diese Heuschrecken verfolgen natürlich nur ein Ziel: mit einem Verkauf oder Börsengang so schnell wie möglich, so viel Geld wie möglich zu verdienen (somit Shareholder-Value-Ziele). Leider wurden in den vergangenen Jahren etliche Unternehmen verkauft, weil keine Erben mehr da waren oder die Erben nur noch ein schönes Leben haben wollten.

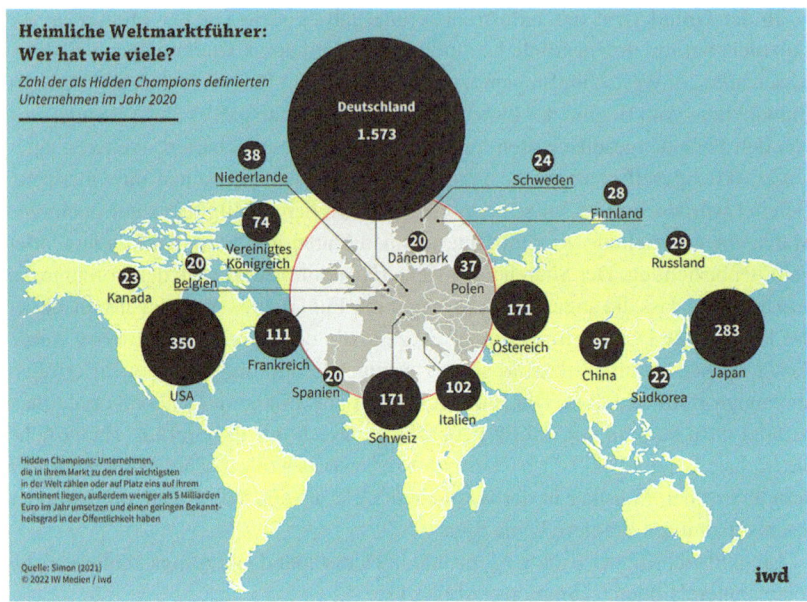

Abb. 3.1 Die Verteilung der Hidden Champions auf der Welt (Stand 2020). (Quelle: https://www.iwd.de/artikel/hidden-champions-die-starken-aus-der-zweiten-reihe-424550/)

Wie kann man feststellen, welche Philosophie ein Unternehmen verfolgt, ob nun Shareholder Value oder Stakeholder Value? Sie tragen dies nicht wie eine Fahne vor sich her und man muss sich schon etwas Mühe machen, um das herauszubekommen. Dies kann bei der Suche nach einem Arbeitsplatz oder einem neuen Arbeitsplatz durchaus eine interessante Frage sein. Auskunft darüber gibt häufig die festgelegte Wertestruktur. Die findet man online oder auch in gedruckter Form unter Schlagworten wie „Wer sind wir". In den fast immer auch online veröffentlichten Geschäftsberichten findet man Hinweise im Leitbild des Unternehmens. Die Bezahlung der Aufsichtsräte und Vorstände muss im Geschäftsbericht relativ detailliert offengelegt werden. Hier kann man die Relation zwischen Fixum und Bonus sehen. Stehen diese in einem gesunden Verhältnis zueinander? Außerdem kann man sehen, ob die Boni im Folgejahr ausgezahlt werden oder ob sie auf mehrere Folgejahre verteilt werden. Dies würde für die Langfristigkeit der Unternehmensstrategie sprechen und damit auch für die Philosophie des StakeholderValues. Eine gute Quelle sind auch Berichte der Sekundärliteratur, also Berichte die von Unternehmen evtl. angeregt, aber nicht selbst erstellt sind. Somit Berichte über

3.2 Stakeholder Value

Unternehmen mit wertendem Charakter in der Wirtschaftspresse. Zahlreiche Unternehmen in der Bundesrepublik Deutschland haben die Bonizahlungen an ihre Vorstände an den Erfolg der nächsten Jahre gekoppelt und haben wieder gesunde Relationen zwischen Fixum und Bonus eingeführt. Damit sind Zahlungen in die Folgejahre verschoben, was nicht unproblematisch ist. Leistung und Gegenleistung sollten zeitnah erfolgen. Wenn der Leistungsempfänger vor der Leistung verstorben ist, erhalten dann die Erben die Bonuszahlungen? Werden in diesem Fall die Boni erst einkommensbesteuert und anschließend der Erbschaftsteuer unterworfen (sodass kaum mehr etwas übrig bleibt)? Allein diese zwei Punkte zeigen, dass es nicht ganz so einfach ist, Zahlungen für erbrachte Leistungen in die Folgejahre zu verlagern. Einige Unternehmen (auch aus dem DAX) probieren es trotzdem. Wie gut das funktionieren kann, wird die Zukunft zeigen. Hier wird noch einiges an Lehrgeld zu zahlen sein.

Wendelin Wiedeking hat als Vorstandsvorsitzender von Porsche immer für eine sehr langfristige Planungs- und Denkweise plädiert. Er hat sich immer geweigert, Quartalsabschlüsse zu erstellen, um sie dann den Analysten „zum Fraß vorzuwerfen". Die Analysten sind die Glaskugelleser der Finanzindustrie, die aus einem Mäusehusten die Entwicklung des Aktienkurses prognostizieren wollen. Hellsehen kann niemand. Aber die Analysten versuchen, den Eindruck zu vermitteln, als ob sie dazu in der Lage wären.

Positiv ist zu vermerken, dass sich die Stakeholderdenkweise verstärkt in den Fokus der Wirtschaft stellt.

Soft Skills 4

Auf die Frage „Warum sind Soft Skills so entscheidend für Erfolg im Management?" antwortet ChatGPT wie folgt:

„Soft Skills sind für eine Karriere im Management von entscheidender Bedeutung, denn sie sind die zwischenmenschlichen und sozialen Fähigkeiten, die es Managern ermöglichen, effektiv mit anderen zusammenzuarbeiten. Manager mit ausgeprägten Soft Skills können effektiv kommunizieren, Beziehungen aufbauen, ihre Teams motivieren und Konflikte bewältigen, was für eine erfolgreiche Führung unerlässlich ist.

Einige spezifische Gründe, warum Soft Skills für eine Karriere im Management wichtig sind, sind:

1. *Kommunikation: Manager müssen klar und effektiv mit ihren Teams, Kunden und anderen Beteiligten kommunizieren. Starke Kommunikationsfähigkeiten sind notwendig, um Anweisungen zu geben, Erwartungen zu erläutern und Feedback zu geben.*
2. *Führungsqualitäten: Gute Manager inspirieren und motivieren ihre Teams, auf ein gemeinsames Ziel hinzuarbeiten. Sie müssen in der Lage sein, ihre Teammitglieder zu verstehen, sich in sie hineinzuversetzen und sie so zu führen, dass jeder das Beste aus sich herausholt.*
3. *Problemlösung: Führungskräfte sind häufig für die Lösung komplexer Probleme und das Treffen schwieriger Entscheidungen verantwortlich. Gute Problemlösungsfähigkeiten erfordern die Fähigkeit, Situationen aus verschiedenen Blickwinkeln zu analysieren, kreativ zu denken und die Vor- und Nachteile verschiedener Optionen abzuwägen.*

4. *Emotionale Intelligenz: Führungskräfte müssen in der Lage sein, ihre eigenen Emotionen sowie die ihrer Teammitglieder zu verstehen und zu steuern. Sie müssen in der Lage sein, mit Konflikten umzugehen, schwierige Gespräche zu führen und starke Beziehungen aufzubauen.*
5. *Anpassungsfähigkeit: In der heutigen schnelllebigen und sich ständig verändernden Arbeitswelt müssen Manager in der Lage sein, sich schnell anzupassen und Änderungen im Handumdrehen vorzunehmen. Starke Soft Skills können Managern dabei helfen, mit Mehrdeutigkeit und Ungewissheit umzugehen und auch angesichts von Ungewissheit solide Entscheidungen zu treffen.*

Zusammenfassend lässt sich sagen, dass Soft Skills für eine Karriere im Management unerlässlich sind, da sie es Managern ermöglichen, Menschen effektiv zu führen und zu managen. Sie helfen Managern, gute Beziehungen aufzubauen, effektiv zu kommunizieren, fundierte Entscheidungen zu treffen und sich in der Komplexität des modernen Arbeitsplatzes zurechtzufinden."

Wenn man die Fragestellung in eine negative Richtung umpolt, wie: „Welche negativen Auswirkungen können Soft Skills auf den Erfolg von Managern haben?" erhält man von ChatGPT folgendes Ergebnis:

„Zu den Soft Skills, die für ein effektives Management unerlässlich sind, gehören Kommunikation, Führung, Teamarbeit, emotionale Intelligenz und Problemlösungsfähigkeiten. Allerdings können sich Soft Skills in bestimmten Situationen auch negativ auf den Erfolg von Managern auswirken. Einige dieser negativen Auswirkungen sind:

1. *Zu nett sein: Wenn eine Führungskraft zu sehr darauf bedacht ist, beliebt zu sein und Konfrontationen zu vermeiden, kann es ihr schwerfallen, schwierige Entscheidungen zu treffen und ihr Team zur Verantwortung zu ziehen. Dies kann zu einem Mangel an Respekt seitens des Teams und zu schlechten Leistungen führen.*
2. *Mangelndes Durchsetzungsvermögen: Führungskräften, denen es an Durchsetzungsvermögen mangelt, fällt es möglicherweise schwer, Grenzen zu ziehen, Aufgaben wirksam zu delegieren und Konflikte zu bewältigen. Dies kann zu mangelnder Produktivität, verpassten Terminen und schlechter Arbeitsmoral führen.*
3. *Unfähigkeit, mit Emotionen umzugehen: Emotionale Intelligenz ist eine wichtige Soft Skill, aber wenn eine Führungskraft Schwierigkeiten hat, mit ihren eigenen Emotionen umzugehen, kann sie auch Schwierigkeiten haben, mit den Emotionen ihrer Teammitglieder umzugehen. Dies kann zu Spannungen und Konflikten innerhalb des Teams führen.*
4. *Mikromanagement: Eine Führungskraft, die sich zu sehr in jeden Aspekt der Arbeit ihres Teams einmischt, kann die Kreativität unterdrücken, die Autonomie einschränken und ein Klima des Misstrauens schaffen. Dies kann zu einem Rückgang der Motivation und Produktivität führen.*

5. *Schlechte Kommunikationsfähigkeiten: Wirksame Kommunikation ist eine wesentliche Voraussetzung für erfolgreiches Management, und schlechte Kommunikationsfähigkeiten können zu Missverständnissen, verpassten Terminen und niedriger Arbeitsmoral führen. Eine Führungskraft, der es schwerfällt, effektiv zu kommunizieren, kann ihr Team nur schwer zum Erfolg führen.*

Insgesamt sind Soft Skills zwar für eine effektive Führung unerlässlich, doch können sie sich negativ auf den Erfolg einer Führungskraft auswirken, wenn sie nicht angemessen eingesetzt werden. Manager müssen ein Gleichgewicht zwischen Einfühlungsvermögen und Durchsetzungsvermögen finden, ihre Emotionen effektiv steuern, Aufgaben und Verantwortung delegieren und klar und effektiv mit ihrem Team kommunizieren."

Sowohl bei der positiven als auch bei der negativen Fragestellung werden die gleichen Variablen der Soft Skills entwickelt. Interessant ist, dass im zweiten Teil, trotz der negativen Fragestellung, die positive Wirkung der Soft Skills hervorgehoben wird. Beiden Texten gemeinsam ist, dass sie weder über Personalität noch Emotionalität verfügen. Man kann auch sagen, dass sie geschlechtslos sind. Das scheint ein wesentliches Merkmal der Antworten von ChatGPT und auch anderer Chatbots zu sein.

Emotionaler war da die Aussage des VW-Vorstandes, über den ich schon am Anfang des Buches berichtet habe. Auf die Frage, wieso er als Jurist denn Leiter der technischen Entwicklung sei, antwortete er: „Ach wissen Sie. Ab einer bestimmten Hierarchiehöhe ist es scheißegal, was sie studiert haben. Da kommt es auf andere Dinge an." Und um diese anderen Dinge geht es hier gerade. Sie können definiert werden wie folgt:

▶ Soft Skills sind eine Reihe von nicht genau definierten menschlichen Eigenschaften, Fähigkeiten und Persönlichkeitszügen, die für das erfolgreiche Ausüben einer Tätigkeit nötig oder förderlich sind.

Auf einige Variablen der Soft Skills werde ich noch ausführlicher eingehen. Vorher möchte ich über Selbstbewusstsein und Motivation berichten.

Als Snookerfan war mir der britische Spieler Stuart Bingham bekannt, als Spieler, der seine Familie als Profispieler eher schlecht als recht ernähren konnte. Er kam nicht oft sehr weit und wirkte immer etwas grimmig auf mich. Das änderte sich bei der Snooker-Weltmeisterschaft 2015. Als relativ schlecht gesetzter Spieler bekam er es nacheinander mit der Weltelite dieses Sports zu tun und fegte sie alle vom Tisch. Er wurde der drittälteste Spieler der Geschichte, der Snooker-Weltmeister wurde. Seitdem verdient er regelmäßig zwischen einer viertel und halben Million Pfund pro Jahr. Was war geschehen? Der deutsche Kommentator Rolf Kalb lieferte die Erklärung. Stuart Bingham hatte ein Dreivierteljahr vor der Weltmeisterschaft einen zusätzlichen Trainer genommen. Einen Trainer, der von Snooker nichts verstand. Es war ein Psychologe, der mit Bingham ausschließlich an seinem Selbstvertrauen gearbeitet hat. Die Wirkung war frappierend. Mit dem Selbstbewusstsein kam nicht nur der Erfolg, sondern auch das Lächeln ins Gesicht. Ohne Selbstbewusstsein gibt es keinen Erfolg. Das gilt auch für das wirtschaftliche Agieren.

Genauso wichtig wie Selbstbewusstsein ist die Motivation. Snooker ist ein Sport für Einzelkämpfer. Anders ist es im Fußball. Das ist ein Mannschaftssport. Man erlebt es sehr oft, dass erfolglose Mannschaften durch einen Trainerwechsel wie umgekrempelt spielen, obwohl der neue Trainer keine Zeit hatte, um etwas Gravierendes (Sportliches) zu ändern. Der große österreichische Fußballtrainer und Philosoph Max Merkel (mit dem 1860 München seine letzte deutsche Meisterschaft gewann) sagte mal in einem Fernsehinterview: „Ein Fußballtrainer muss gar nicht so viel von Fußball verstehen. In 50 % seiner Tätigkeit muss er Psychologe sein." Große Trainer, wie zum Beispiel Jürgen Klopp, zeichnen sich vor allem auch dadurch aus, dass sie große Motivatoren sind. Das kommt natürlich nicht von ungefähr. Große Trainer sind fast immer auch brillante Rhetoriker. Sie zeichnen sich aus durch Schlagfertigkeit, Wortwitz, Humor und Charisma, neben dem fachlichen Know-how. Interviews mit ihnen sind immer ein Erlebnis. Das gilt auch für Julian Nagelsmann, der in Augsburg zwei Semester meine Vorlesungen besucht und auch die Prüfungen mit gutem Erfolg abgelegt hat. Er hat sich dann – Gott sein Dank – für einen anderen Weg entschieden. Es sind somit die Soft Skills, die über den Erfolg als Trainer entscheiden. Die besten fachlichen Noten bei der Trainerprüfung nutzen nichts, wenn die Soft Skills fehlen. Beide Qualifikationsvariablen gehen im Erfolgsfall ein Junktim ein.

Lassen Sie uns die wichtigsten Elemente der Soft Skills etwas detaillierter ansehen. Das wichtigste Element ist die Kommunikation.

4.1 Kommunikation

„Kommunikation ist definiert als der Austausch oder die Übertragung von Informationen, die auf verschiedene Arten (verbal, nonverbal und paraverbal) und auf verschiedenen Wegen (Sprechen, Schreiben) stattfinden kann, inzwischen auch im Wege der computervermittelten Kommunikation". (Quelle: Wikipedia, Kommunikation, Feb. 2024). In einem einfachen Modell lässt sich das wie in Abb. 4.1 darstellen.

Jemand möchte etwas mitteilen, also kommunizieren. Die Botschaft, die er senden möchte, ist die intendierte (also beabsichtigte) Botschaft. Er verpackt die Botschaft (Modulation) in Worte oder schriftliche Zeilen und sendet die Botschaft. Beim Empfänger wird die Botschaft ausgepackt (demoduliert) und dann interpretiert. Bei einer schriftlichen Botschaft wird bei der Demodulation und Interpretation zwischen

4.1 Kommunikation

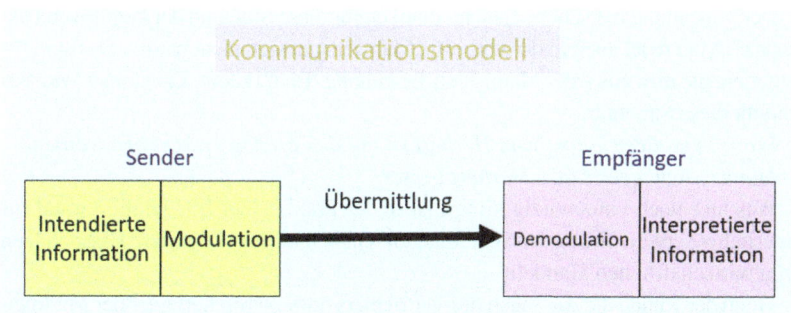

Abb. 4.1 Ein einfaches Kommunikationsmodell. (Quelle: eigene Grafik)

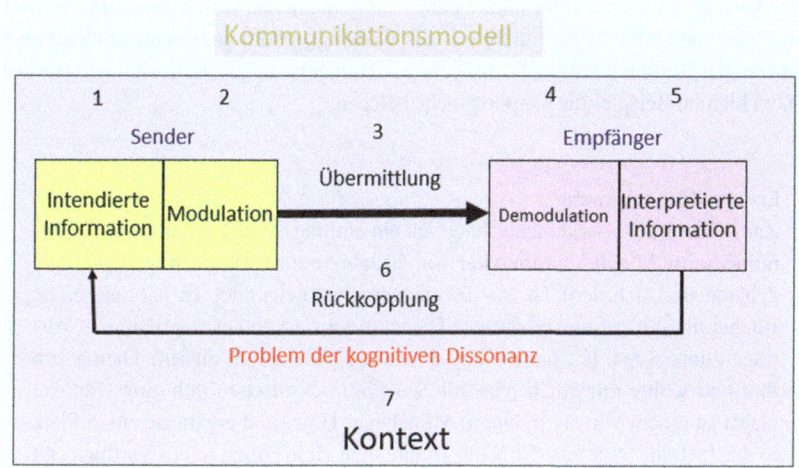

Abb. 4.2 Ein erweitertes Kommunikationsmodell. (Quelle: eigene Grafik)

den Zeilen gelesen, Kontextinformationen werden verarbeitet und dann kann es passieren, dass die intendierte Botschaft nicht der interpretierten Botschaft entspricht.

Bei der persönlichen Kommunikation, also bei Gesprächen, kann der Gap zwischen intendierter und interpretierter Botschaft noch viel größer sein, weil die nonverbalen Kommunikationsmöglichkeiten noch größer sind. Körpersprache, Lautstärke, Betonung, Mimik und Gestik modulieren das, was wir sagen, und können vom Gegenüber ganz anders interpretiert werden, als wir es meinen. Es entsteht eine kognitive Dissonanz. Das erweiterte Kommunikationsmodell stellt alle Variablen der Kommunikation dar (Abb. 4.2).

Der Volksmund hat schöne Beschreibungen für diese Situation der kognitiven Dissonanz. „Man redet aneinander vorbei", „Man versteht sich nicht mehr". Das sind Situationen, die man aus jeder Mann-Frau-Beziehung (Ehe?) kennt. Ein kleiner Witz beschreibt diese Situation.

Frau: „Die Beerdigung vom Herbert ist auf den Freitag verschoben worden."
Mann: „Ach, geht's dem Herbert besser?"

Was hier noch ganz witzig klingt, ist in der Praxis einer Ehe häufig Grund für dauerhafte Zerwürfnisse oder Scheidungen. Ganz fatal sind kognitive Dissonanzen beim wirtschaftlichen Handeln.

Wenn der Kunde die Aussagen des Vertrieblers missinterpretiert oder der Mitarbeiter beim Beurteilungsgespräch die Worte seines Vorgesetzten, dann kann es in die Katastrophe führen und die Betroffenen wissen oft nicht einmal, wieso. Dann kommt oft die unterstellte Absicht hinzu. Derjenige, der die Information interpretiert, geht davon aus, dass der Sender der Information genau das gemeint hat, was er hineininterpretiert hat. Kommunikation besteht nicht nur aus Worten, sondern aus einem großen Paket nonverbaler Kommunikation, die oft genug wichtiger ist als die Worte. Ich will das mit einem kleinen Beispiel für Körpersprache belegen.

Exkurs: Körpersprache
Zum Thema „Körpersprache" hatte ich ein einprägsames Erlebnis. Der Pantomime Samy Molcho hat im Alter von 50 Jahren diese Tätigkeit an den Nagel gehängt und sich dem Thema „Körpersprache" gewidmet. Er hat zahlreiche Bücher und Videofilme zu diesem Thema produziert und er war häufig zu Vorträgen unterwegs. Ich hatte viel gelesen und gesehen zu diesem Thema von ihm und wollte mir einen persönlichen Eindruck machen. Ich ging (für viel Geld) zu einem Vortrag in einem Münchener Hotel und ergatterte einen Platz in der 1. Reihe. Nur aus der Nähe konnte man viele Dinge seines Vortrags erst richtig sehen und verstehen.

Am Ende seines Vortrages bot er an, mit Anwesenden im Saal Experimente zu machen, um zu zeigen, wie aussagefähig die nonverbale Kommunikation ist. Er fragte, ob es Gruppen von Arbeitskollegen im Saal gebe. Sie sollten fünf bis zehn Personen umfassen und er bräuchte aus jeder Gruppe eine freiwillige Person, die zu ihm auf die Bühne kommt. Er fand drei Freiwillige, die auch mit einer größeren Gruppe von Arbeitskollegen im Saal waren.

Das Experiment lief wie folgt ab: Ein Kandidat stellte sich an das eine Ende der Bühne, Samy Molche an das andere. Dann ging man langsam aufeinander zu und schüttelte sich die Hand wie bei einer Begrüßung. Es durfte dabei kein einziges Wort gesprochen werden. Anschließend erstellte Samy Molcho ein Psychogramm des Kandidaten. Die anwesenden Kollegen mussten durch Reaktionen zu verstehen geben, ob er Recht hat oder nicht. Er hatte ausnahmslos recht. Alle drei Kandidaten standen nach der Analyse psychologisch entblößt vor dem gesamten Publikum. Die dritte Kandidatin, die schon zwei Analysen erlebt hatte, wollte ihre Beteiligung zurückziehen. Sie hat sich nicht mehr auf die Bühne getraut. Es bedurfte großer Überredungskünste ihrer Kollegen, um sie doch teilnehmen zu lassen.

Fazit: Es wurde kein einziges Wort gesprochen. Es wurden der Gang, die Körperbewegungen, die Körperhaltung, der Händedruck, das Blickverhalten und die Position zum Gegenüber analysiert. All das spricht Bände, ohne dass wir uns darüber bewusst sind, und lässt massive Rückschlüsse auf unsere Persönlichkeit zu.

Auf youtube.com gibt es einen fantastischen Kanal mit Vorträgen von hochkarätigen Personen zu allen Bereichen, die die Soft Skills betreffen. Er heißt „GEDANKENtanken" und ein Vortrag heißt: „Sofort Lügen in Gesprächen erkennen". Neben den allgemeinen körpersprachlichen Variablen wird auch die Mikromotorik des Gesichtes analysiert. Der Referent Prof. Dr. John Nasher sagt, dass er jeden Lügner sofort identifizieren kann.

▶ Wenn man in wirtschaftlichen Entscheidungsprozessen Erfolg haben möchte, ist es unerlässlich, das Instrumentarium der Soft Skills zu beherrschen, und vor allem die Körpersprache in der verbalen Kommunikation.

In der akademischen Ausbildung von Wirtschaftsstudentinnen und Wirtschaftsstudenten spielen diese Elemente, häufig unter dem Begriff „Organisationspsychologie" subsumiert, eine große Rolle.

4.2 Führung

Führung habe ich bereits oben in Anlehnung an Witte als: „zielgerichtetes Beeinflussen von Menschen" definiert. Diese Führungsbeziehungen können in den verschiedensten Ausprägungen zu finden sein und sie sind auch nicht in ihrer Richtung bestimmt (Abb. 4.3).

Es ist auch nicht so, dass Führung nur Top-down-Prozesse betrifft (Ober führt Unter). Diese Prozesse können auch von unten nach oben stattfinden. Wenn ein Mitarbeiter über hinreichende Qualifikationsmacht verfügt, kann er auch seinen oder seine Vorgesetzte führen. Voraussetzung ist natürlich, dass diese über den richtigen Führungsstil verfügen, um sich führen (überzeugen) zu lassen. In meiner Berufs-

Kommunikationsbeziehungen kann man in verschiedenen Entity-Relationship-Beziehungen abbilden, z.B.:

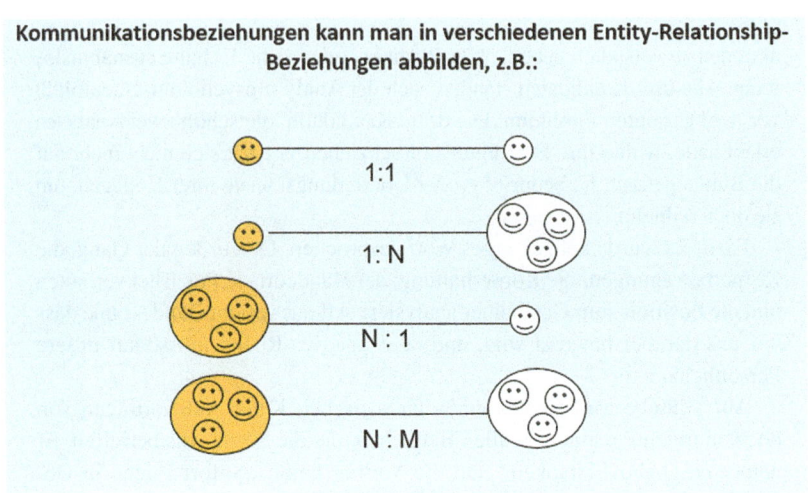

Abb. 4.3 Das Entity-Relationship-Modell für Führungsbeziehungen. (Quelle: eigene Grafik)

praxis sollte unser Unternehmen (ein mittelgroßes Versicherungsunternehmen) die „Unternehmensplanung" einführen. Alle fünf Vorstände konnten sich darunter nichts vorstellen. Geplant wurde bis dahin nicht viel. Man rechtfertigte sich, wenn es mal nicht so lief. Unser Generaldirektor hatte davon gehört, dass sechs Monate vorher ein „Doktor" in der Betriebsorganisation angefangen hatte. Diese Funktion wird heute als „Supply Chain Management" bezeichnet. Er fragte mich aus, ob ich mich mit „Unternehmensplanung" auskennen würde. Als er merkte, dass es geradezu ein Hobby von mir war, sagte er: „Wir sollen die Unternehmensplanung einführen, halten aber alle fünf im Vorstand nicht viel davon und verstehen auch nicht, worum es geht. Organisieren Sie mal ein Tagesseminar in einem nahegelegenen Hotel (damit wir aus dem Tagesgeschäft raus sind) und dann haben Sie einen Tag Zeit uns fünf Vorstände von der Notwendigkeit und den Inhalten zu überzeugen". So verbrachte ich den Tag lehrend mit fünf Zuhörern in dem Hotel. Am Ende des Tages hatte ich einen neuen Job und freie Hand beim Aufbau der Unternehmensplanung.

Das war ein Bottom-up-Führungsprozess 1 zu N über fünf Hierarchiestufen hinweg. Da der Vorstand mir vollständig gefolgt war, brauche ich nicht zu erwähnen, dass ich abends aus dem Hotel geschwebt bin. Ich hatte mich auf diesen Tag drei Wochen intensiv vorbereitet.

Es geht bei Führung um zielgerichtetes Beeinflussen von Menschen. Dazu sind im Laufe der letzten fünf Jahrhunderte unendlich viele Ansätze entwickelt worden. Los ging es im 15. Jahrhundert, als Niccolo Machiavelli aus Frust darüber, dass er seine An-

4.2 Führung

stellung bei der Stadt Florenz verlor und nun als Bauer auf seinem Hof leben musste, mit „Il Principe (Der Fürst als Herrscher)" gewissermaßen eine Gebrauchsanweisung zur Führung eines Staates schrieb. Der Grundtenor seines Führungsstiles war: „Ein Herrscher sollte nicht beliebt, sondern gefürchtet sein." Er braucht auch vor Gewalt und Terror nicht zurückzuschrecken. Aus diesem Grund wird ein rücksichtsloser Führungsstil auch heute noch als machiavellistisch bezeichnet. Im 20. Jahrhundert fing man an, sich mit Führungsstilen auch wissenschaftlich auseinanderzusetzen. Es kristallisierten sich im Wesentlichen zwei korrespondierende Führungsstile als zentral heraus: der mitarbeiterorientierte, der die sozio-emotionalen Aspekten in den Vordergrund stellt und der aufgabenorientierte Führungsstil, der den sachlich-rationalen Aspekt in den Fokus stellt. Zwischen diesen beiden Dimensionen gibt es unendlich viele Ausprägungsformen (Abb. 4.4).

Welche Ausprägungsform die erfolgreichste in Bezug auf das gewünschte Ziel ist, hängt ab von den Menschen, Situationen, Problemen und dem Leidensdruck, somit von sehr vielen Kontextvariablen.

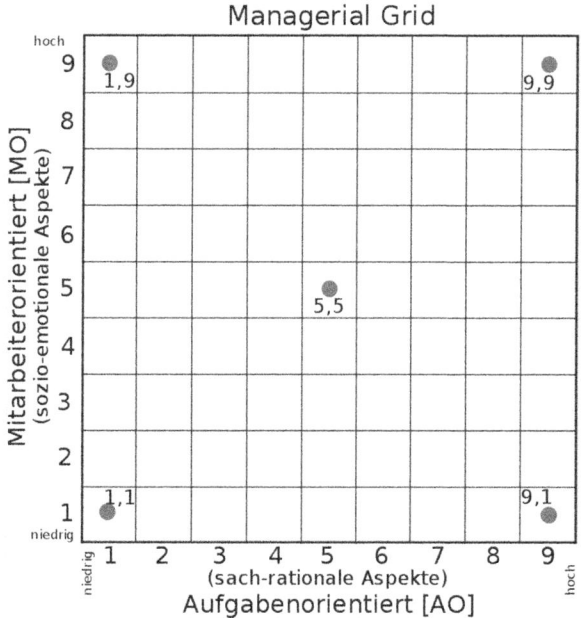

Abb. 4.4 Das Managerial Grid der wichtigsten Führungsstile. (Quelle: Robert R Blake & Jane Mouton-Schreyögg, G/Koch, J: Grundlagen des Managements, Wiesbaden, 2009, Seite 270)

Daneben tauchen in der Literatur noch Dutzende Führungsstile auf, wie patriarchalischer Führungsstil, charismatischer Führungsstil, autokratischer Führungsstil und viele mehr. Auch die Auswirkung spezifischer Führungsstile auf den Erfolg des Führungsprozesses war speziell im 20. Jahrhundert Ziel sehr vieler Forschungsarbeiten. Im 21. Jahrhundert gelangten verstärkt intrinsische Persönlichkeitsmerkmale und ihre Auswirkungen auf das Führungsverhalten in den Fokus der literarischen und wissenschaftlichen Bearbeitung. Beispielhaft sei hier die narzisstische Führungskraft erwähnt. Dem Narzissten werden Mangel an Empathie und eine gewisse Rücksichtslosigkeit unterstellt. Damit schließt sich der Kreis zu Macchiavelli. Hier ist auf die Speziallitaratur zu verweisen. Je besser man sich auskennt, desto besser kann man am eigenen Führungsstil arbeiten. Man muss allerdings sehen, dass niemand aus seiner Haut raus kann, wie der Volksmund sagen würde. Nicht jeder Führungsstil ist für jeden geeignet. Außerdem ist der „beste" Führungsstil von vielen Faktoren abhängig. In Zeiten der Umstrukturierung wird ein Narzisst erfolgreicher sein als ein Softie (oder eine personenorientierte Führungskraft).

In meiner Berufspraxis hat ein Konzernboss eine solche narzisstische Führungskraft einmal als seinen „Panzer" bezeichnet.

Allerdings wird ein Panzer nicht gerade gut sein für das Betriebsklima.

4.3 Teamfähigkeit

In einer immer arbeitsteiligeren Welt gehört natürlich auch die Teamfähigkeit zu den Soft Skills. Da auch hier die Richtung unbestimmt ist, kann alles zur Führung Gesagte auch hier angewendet werden. Aus Sicht des Teamleiters machte es natürlich einen Unterschied, ob ich parallel und repetitiv arbeitende Mitarbeiter habe oder ein Team von Mitarbeitern, die gleichzeitig an einer Aufgabe tätig sind. Insofern ist ein Teamleiter eher mit einem Dompteur oder Sporttrainer zu vergleichen. Er benötigt sensible Antennen, um Disharmonien zu erkennen und zu beseitigen. Er braucht sie auch bei der Auswahl der Teammitglieder. Hier gilt das, was der Fußballtrainer Max Merkel schon gesagt hat: Ein Teamleader muss in erster Linie Psychologe sein und gar nicht so sehr Fachmann. Werner Götz, der Gründer der Drogeriekette DM, hatte einmal einen Vortrag an unserer Hochschule gehalten. Es sollte eigentlich um Marketingaspekte gehen. Zum Entsetzen meines einladenden Marketingkollegen hielt sich Götz Werner nicht an die Vorgaben und philosophierte über Mitarbeiterführung. Eine Aussage Werners blieb mir in Erinnerung. Er sagte: „Ein Vorgesetzter darf nie hinter seinen Mitarbeitern stehen und auch nicht neben ihnen. Er hat immer vor ihnen zu stehen und, wenn er sich nach vorn bewegt, hat er so eine Sogwirkung zu erzeugen, dass ihm alle Mitarbeiter in dem Sog folgen müssen." Sog statt Druck war seine Devise.

4.4 Emotionale Intelligenz

Als Element der Soft Skills beschreibt emotionale Intelligenz die Fähigkeit, eigene und fremde Gefühle (korrekt) wahrzunehmen, zu verstehen und zu beeinflussen. Oben habe ich es etwas volkstümlicher als sensible Antennen bezeichnet. Die emotionale Intelligenz stellt eine Metafähigkeit dar, die quasi über den anderen Fähigkeiten schwebt und sie alle beeinflusst.

4.5 Problemlösungsfähigkeiten

Die Problemlösungskompetenz, auch als Problemlösungsfähigkeit bekannt, umschreibt per definitionem das kognitive Vorgehen, mit dem man ein Problem erkennt und verarbeitet, versteht sowie anschließend darauf reagiert, um es zu beseitigen – um letztlich sein eigentliches Ziel zu erreichen.

Die notwendigen Eigenschaften dafür sind:

- Analytisches Denken
- Eigeninitiative
- Emotionale Intelligenz
- Emotionale Stabilität
- Ergebnisorientierung
- Hands-on-Mentalität
- Konfliktfähigkeit
- Kreativität
- Selbstbewusstsein
- Selbstreflexion

Eines der besten Bücher zum Thema Soft Skills, Führung und Führungsverhalten ist Folgendes: Claus Peter Müller-Thurau und Harm Keilholz, Einführung in die deutsche Wirtschaft.

Es ist 1990 erschienen und leider nur noch antiquarisch erhältlich. Es handelt sich um eine Graphic Novel. Der Cartoonist Harm Keilholz überzeichnet die Protagonisten eines deutschen Verlages natürlich sehr stark. Dadurch kommt der KISS-Ansatz auch hier zum Tragen. Claus Peter Müller-Thurau ist Unternehmensberater und Sachbuchautor und, so meine Vermutung, verarbeitet in dem Plot viele berufliche Erfahrungen. In dem Buch werden auch viele betriebswirtschaftliche Entwicklungen und Theorien veräppelt. Das ist so zutreffend und amüsant, dass ich es alle paar Jahre wieder lese.

Die Grundlagen von Macht und Einfluss

5

Die besten Fachkenntnisse nutzen nicht viel, wenn man nicht über hinreichende Soft Skills verfügt, um seine Kenntnisse gut „verkaufen" zu können. Auch die Kombination aus diesen beiden Elementen ist erst die halbe Miete. Man muss Einfluss auch ausüben können und dürfen, um an den Gestaltungsprozessen für die Zukunft teilhaben zu können. Dafür benötigt man Macht.

Macht ist Voraussetzung zur Ausübung von Einfluss. Ohne Macht kein Einfluss, mit Macht hat man nicht zwingend Einfluss. Im letzteren Fall wäre es latenter Einfluss. Nach Max Weber ist „Macht" potenzieller Einfluss. Wird von Macht Gebrauch gemacht, wird sie zu Einfluss.

5.1 Machtbasen

Wir wollen uns zunächst eine Klassifikation der wichtigsten Machtbasen in wirtschaftlich agierenden Unternehmen anschauen.

Nach French and Raven (J. P. R. French Jr., B. Raven: *The bases of social power.* In: D. Cartwright, A. Zander (Hrsg.): *Group dynamics.* Harper and Row, New York 1960) basiert Einfluss auf folgenden Machtgrundlagen:

- Sanktionsmacht
- Positionsmacht
- Legitimationsmacht
- Qualifikationsmacht und
- Rückhalt

Diese fünf Kategorien sind in ihrer Wirkung und Bedeutung auch von oben nach unten absteigend und kommen in der Wirtschaftspraxis meistens in Kombination vor.

Die **Sanktionsmacht** beinhaltet das Recht und die Möglichkeit, bestrafen oder belohnen zu können. Der Volksmund bezeichnet das als „Zuckerbrot und Peitsche". Dies kommt sowohl im Mikrobereich vor als auch im Makrobereich. Schauen wir uns zwei Beispiele dafür an.

Mikrobereich Ein Elternteil hat die Möglichkeit, seinem Nachwuchs, wenn er keine Hausaufgaben machen möchte, damit zu drohen, nicht fernsehen zu dürfen oder keinen Kuchen zu erhalten. In umgekehrter Richtung könnte man seinem Kind als Belohnung für gemachte Hausaufgaben den Kuchen oder das Recht zum Fernsehen (neudeutsch „Screenzeit") anbieten. In beiden Fällen ist es eingesetzte Sanktionsmacht, um das Kind zum Erledigen der Hausaufgaben zu beeinflussen. Diese Sanktionsmacht ist kombiniert mit Legitimationsmacht, da Eltern von Gesetzes wegen als Erziehungsberechtigte Einfluss auf ihre Kinder nehmen dürfen und sogar müssen.

Makrobereich Auf staatlicher Ebene wird immer diejenige Nation auf der Welt den größten Einfluss ausüben können, die über das größte militärische Potenzial verfügt. Daneben spielt natürlich auch das ökonomische und das technologische Potenzial eine große Rolle. In der Regel werden alle drei Komponenten hoch korrelieren. Die militärische Macht kann dabei unmittelbar eingesetzt werden. Man erklärt einen Krieg oder greift auch ohne Kriegserklärung an. Ein militärisch unterlegener Staat wird, mit vernünftigen Leuten an der Staatsspitze, versuchen, militärische Eskalationen zu vermeiden. Man wird sich dem Einfluss unterwerfen, da man weiß, dass man militärisch unterlegen ist. Um so eine Situation zu vermeiden, rüsten viele kleine „Schurkenstaaten" oder Zwergstaaten auf als wären sie Weltmächte. Auch das Wettrüsten hat in diesem Wirkungsmechanismus zwischen Machtpotenzial und Einfluss seine Ursache.

Das ökonomische und technologische Potenzial kann nicht unmittelbar eingesetzt werden. Dieses Machtpotenzial kann nur zu Einfluss führen, indem man mit Sanktionen droht oder sie tatsächlich anwendet. In den USA gibt es Professoren, die das technologische Machtpotenzial der USA fast höher einstufen als das militärische. Sie begründen das damit, dass der größte Teil des Datenverkehrs im weltweiten Internet entweder direkt über die USA oder über von den USA kontrollierten Übertragungssystemen abgewickelt wird.

Die **Positionsmacht** wird eher innerhalb von Organisationen eine Rolle spielen. „Ober sticht Unter" würde der Volksmund dazu sagen.

Bei der Positionsmacht wird davon ausgegangen, dass der Positionsinhaber aus seiner Position heraus „Gesetz machen kann", aufgrund von gesetzlichen Bestimmungen, Vorschriften oder formalen Ordnungen (wie Hierarchien, Organisationshandbüchern

5.1 Machtbasen

oder auch Arbeitsplatzbeschreibungen). Einfach gesagt, jeder Mitarbeiter hat das zu tun, was der Chef anordnet. Tut er das nicht, kann ihm mit Sanktionen gedroht werden. Dies können Abmahnungen oder Kündigung sein oder in milderer Form Verzicht auf Aufstieg oder Gehaltserhöhung. Das Anbieten von Gehaltserhöhung oder Aufstieg stellt das Zuckerbrot dar.

Positionsmacht und Sanktionsmacht stellen somit ein Junktim dar.

Bei der **Legitimationsmacht** geht man davon aus, dass der Einflussnehmende aufgrund einer Norm das festgeschriebene Recht hat, über einen Tatbestand mitzubestimmen, oder durch das Anhörungsrecht die Möglichkeit hat, seine Sichtweise in den Entscheidungsprozess einzubringen. Diese Machtbasis ist im Vergleich zu den beiden vorgenannten schwächer ausgeprägt. Um aufgrund von Legitimationsmacht Einfluss ausüben zu können, bedarf es einer gehörigen Portion Soft Skills und weiterer Machtgrundlagen wie Qualifikationsmacht oder Koalitionen (die später noch thematisiert werden).

Die **Qualifikationsmacht** wird als Summe individueller Fähigkeiten und Kenntnisse als auch als Potenzial gesehen, dessen Teilstücke zur Verwertung im Arbeitsprozess angeboten und nachgefragt werden (vgl. Hegelheimer et al., Qualifikationsforschung, Hannover 1975).

Mit Qualifikationsmacht allein ist es schwierig, Einfluss in wirtschaftlichen Organisationen auszuüben. Man kennt es aus der Praxis. Die meisten Mitarbeiter halten ihre Vorgesetzten für unqualifiziert und es wird häufig das Zutreffen des Peter-Prinzips gemutmaßt. Demnach wird jeder so lange befördert, bis er die Stufe der Inkompetenz erreicht hat. Aus diesem emotionalen Dilemma kommt man nur heraus, wenn man in der Lage ist, dieser schwachen Machtbasis weitere hinzuzufügen oder Kontextvariablen zu nutzen. Zu diesen Kontextvariablen zählen auch Glück, Beziehungen und Netzwerke.

Der **Rückhalt** ist die letzte Machtbasis, die hier behandelt werden soll. Der Rückhalt als Machtgrundlage spielt hauptsächlich dort eine große Rolle, wo Einzelpersonen als Vertreter einer Gruppe für diesen Einfluss ausüben sollen. Interessenvertreter verfügen dann, bezogen auf diese Machtgrundlage, über hohes Einflusspotenzial, wenn die Gruppe, deren Interessen sie vertreten, in möglichst hohem Umfang hinter ihnen steht. So wird zum Beispiel der Organisationsgrad in einer Gewerkschaft als eine Machtgrundlage der Gewerkschaft angesehen. Die starke Mitgliederbasis sichert den Gewerkschaften psychologisch einen starken Rückhalt. Auch bei den Arbeitnehmervertretern wird von der Wahlbeteiligung bei der Betriebsratswahl, von der Verhandlungsvollmacht des Gesamtbetriebsrates und dem Besuch der Betriebsversammlungen auf den „Rückhalt" als Einflusspotenzial geschlossen.

Ein Blick in die deutsche Nachkriegswirtschaftsgeschichte bestätigt dies. Deutschland ist nicht als „Streikland" bekannt. Wenn aber gestreikt wurde, dann in

Branchen, in denen die Gewerkschaften über starken Rückhalt und einen hohen Organisationsgrad verfügen. In den Branchen Versicherung und Banken kann ich mich an einen Streik nicht erinnern. Der gewerkschaftliche Organisationsgrad in diesen Branchen ist sehr gering. Was nutzt ein Streik, wenn keiner mitmacht? Für den individuellen Erfolg ist diese Machtgrundlage nicht so bedeutend.

5.2 Koalitionsmodelle

Promotorenmodell
Promotoren beeinflussen Veränderungs- oder Innovationsprozesse in Organisationen. Sie gestalten proaktiv die Zukunft der Organisation. Dies gilt für alle Formen der Organisationen. In der beruflichen Praxis ist es häufig so, dass gerade junge, gut ausgebildete Mitarbeiter vor tollen Ideen nur so strotzen. Sie verfügen aber nicht über die Machtgrundlagen, diese auch umzusetzen. Meistens haben sie nicht einmal die Gelegenheit, ihre Ideen vorzutragen. Ihnen fehlt Positionsmacht und Legitimationsmacht. Die Qualifikationsmacht, über die sie verfügen, nutzt ihnen nicht viel. Sie können nur mit Kollegen auf gleicher Hierarchieebene über ihre Ideen reden, man schimpft auf die Holzköpfe da oben und ist frustriert. Die Vorgesetzten und das Peter-Prinzip machen die Runde. In einer solchen Situation kann man nur Erfolg mit seinen Ideen haben, wenn man sich jemanden sucht, der einem seine Machtgrundlagen temporär „ausleiht".

> **Exkurs: Einführung der Unternehmensplanung**
> Ich habe oben berichtet, wie ich mit unseren fünf Vorständen in einer Klausur war und ihnen die „Unternehmensplanung" nähergebracht hatte. Ich erhielt den Auftrag, ein Konzept zu entwickeln für den Aufbau der Unternehmensplanung und ein Maßnahmenpaket für erste Schritte. Nach kurzer Zeit hatte ich ein 35-seitiges Konzept erstellt (mit einer vorangestellten einseitigen Zusammenfassung) und an die Vorstände verteilt. Alle wollten danach Einzelgespräche mit mir führen. Bei den ersten vier Gesprächen machten mir die Vorstände klar, wie toll sie alles finden, aber eigentlich nicht wollten. Alle vier waren Akademiker und einer sogar Doppelakademiker und Doppeldoktor. Letzterer war der größte Holzkopf. Ich sah meine Felle langsam davonschwimmen, denn der fünfte und letzte Vorstand war kein Akademiker. Es war unser Vertriebsvorstand (Herr Schmelz), der über Erfolge immer weiter nach oben gestiegen ist, bis er schließlich Vertriebsvorstand war. Nach

5.2 Koalitionsmodelle

> dem zweistündigen Gespräch mit ihm wusste ich, warum er da oben war. Er war der einzige kreative und innovative Mann im Vorstand. Er beendete unser Gespräch in etwa mit folgendem Inhalt: „Herr Dr. Krumm, ich finde Ihre Vorschläge großartig und wir bekommen das gemeinsam hin. Ich werde immer vor Ihnen stehen. Sie haben bei mir immer eine offene Tür. Meine Sekretärin ist angewiesen, Sie jederzeit zu mir vorzulassen. Wenn Sie irgendein Problem verspüren, kommen Sie zu mir, ich werde es für sie aus dem Wege räumen."
> Er hat das genau so eingehalten, wie er es mir versprochen hat.

Abstrahieren wir die Situation. Ich als Fachpromotor, lediglich mit Qualifikationsmacht ausgestattet, hatte einen Machtpromotor gefunden, der mir seine Positionsmacht und Legitimationsmacht zur Verfügung stellte. Gemeinsam haben wir alle Ziele erreicht.

Diese Kombination aus Fachpromotor und Machtpromotor ist in wirtschaftlichen Entscheidungs- und Innovationsprozessen die erfolgversprechendste. Es kommt nicht nur darauf an, gut zu sein. Man muss es auch verstehen, seine Qualifikation einbringen zu können und dürfen.

Allgemeines Koalitionenmodell
Während im Promotorenmodell, wie oben beschrieben, meistens eine 1:1-Beziehung vorliegt, handelt es sich bei der Koalitionentheorie um 1:m-Beziehungen. Es wird davon ausgegangen, dass alle Organisationen aus Koalitionen bestehen. In der Politik werden sie auch als solche bezeichnet, bei Unternehmen würde man sie eher als Stakeholder bezeichnen. Jede Koalition wird ihre kollektiven Interessen durch Interessenvertreter einbringen, um ihre Ziele zu erreichen. Je besser die Machtgrundlagen dieser Interessenvertreter sind, desto größer wird ihr Erfolg sein.

Betriebswirtschaftliche Realtheorien 6

Es gibt in der Betriebswirtschaftslehre eine Reihe von hochbewährten Realtheorien. Sie sind in einer Vielzahl empirisch überprüft worden und haben sich mit einer hohen statistischen Wahrscheinlichkeit als valide herausgestellt. Die Kenntnis dieser Realtheorien gehört zum betriebswirtschaftlichen Basiswissen. Hier werden nur beispielhaft die wichtigsten aufgeführt.

6.1 Economies of Scale (Skaleneffekte)

Die Economies of Scale bestehen aus zwei Effekten. Zum einen ist es der **Kostengrößendegressionseffekt** (statischer Skaleneffekt) und zum anderen der **Erfahrungskurveneffekt** (dynamischer Skaleneffekt).

Beim *Kostengrößendegressionseffekt* wird mit jeder Verdoppelung der kumulierten Produktionsmenge ein Kostensenkungspotenzial von 20–30 % für die auf die Wertschöpfung bezogenen realen Stückkosten eines Produktes festgestellt. Ursachen dafür sind:

- Fixkostendegression → bessere Auslastung der Betriebsanlagen
- Betriebsgrößenvorteile → Vorteile im Einkauf, Forschung und Entwicklungsvorteile (Know-how-Pool) etc.

Das heißt im Klartext: Je größer ein Unternehmen ist, desto größer ist sein Kostenvorteil gegenüber der kleineren Konkurrenz.

Der *Erfahrungskurveneffekt* geht davon aus, dass durch die Erfahrung, die man mit einem Produkt hat, ebenfalls eine Stückkostensenkung erreicht wird. Ursache hierfür sind:

- Lernkurveneffekt → wiederkehrende Tätigkeit erhöht die Produktivität
- Technologischer Fortschritt → kostengünstige Fertigungsverfahren
- Rationalisierungsmaßnahmen → laufende Verbesserung der betrieblichen Prozesse und Strukturen

Abb. 6.1 zeigt beide Effekte in Kombination.

Da diese Economies of Scale von den Mitarbeitern der Boston Consulting Group erstmals festgestellt wurden, werden sie auch häufig „Boston-Effekt" genannt. Die drei Kurven mit unterschiedlichen Punktformen zeigen die Stückkostenentwicklung von 3 verschiedenen Unternehmen im Zeitverlauf. Jeder Punkt entspricht einem neuen Jahr. Bei allen drei Unternehmen gehen die Stückkostenverläufe tendenziell von links oben nach rechts unten. Allerdings sind die drei Kurven parallel verschoben. Unten rechts das größte Unternehmen (Westinghouse), in der Mitte mit den Kreisen das mittelgroße Unternehmen und oben links das kleinste (immer bezogen auf dieses eine Produkt). Als Fazit daraus kann man folgenden Schluss ziehen: Ein kleineres Unternehmen kann sich bei homogenen Produkten noch so sehr anstrengen, seine Stückkosten zu senken. Der größere Wettbewerber wird immer vor ihm herlaufen und Kostenvorteile haben. Größe (bezogen auf ein einzelnes homogenes Produkt) und Erfahrung mit diesem Produkt, werden immer zu Wettbewerbsvorteilen führen. Diese Erkenntnis hat zur Entwicklung von neuen

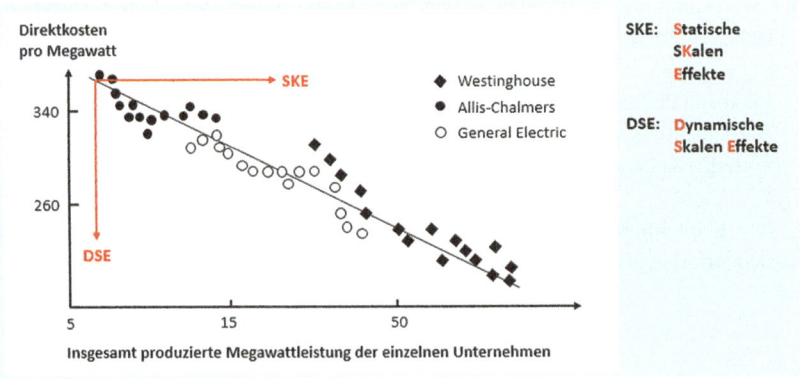

Abb. 6.1 Die Erfahrungskurve für Dampfturbinengeneratoren (1946–1963). (Quelle: The Boston Consulting Group (BCG) 1975)

Analyse- und Gestaltungsinstrumenten geführt, wie der Portfolioanalyse. Bevor ich dazu komme, muss ich allerdings noch eine weitere Realtheorie behandeln: die Lebenszykluskurve.

6.2 Produktlebenszykluskurve

Ich stelle die grafische Darstellung der Idealproduktlebenszykluskurve voran (Abb. 6.2).

Wenn man ein neues Produkt in den Markt einführt, werden die Produktionszahlen nicht sehr hoch und die Stückkosten hoch sein. Darüber hinaus wird man viel in Werbung investieren müssen, um den Bekanntheitsgrad des Produktes und damit den Kaufanreiz zu erhöhen. Der Umsatz (obere Kurve) wird sich nur langsam entwickeln und man wird Verlust machen mit dem Produkt (negativer Deckungsbeitrag). Phase 2 ist die Wachstumsphase. Wenn das Produkt ankommt im Markt, wird man die Produktion erhöhen, was zu einer Stückkostensenkung führt. Die Werbekosten können langsam zurückgefahren werden. Man erzielt Gewinn. Die 3. Phase ist die Reife- oder Konsolidierungsphase. Umsatz und Gewinn laufen prächtig, aber die Wettbewerber kommen mit Nachahmer- oder Konkurrenzprodukten auf den Markt. Darüber hinaus tritt langsam eine Marktsättigung ein. Dies führt in der 4. Phase zu einem Rückgang sowohl von Umsatz als auch Gewinn. Häufig sind auch ablösende Innovation Ursache für diese Phase. Beispiel: Man kann keine Plattenspieler mehr verkaufen, weil die CD auf den Markt gekommen ist. In der 5. Phase wird man sich vom Markt zurückziehen. Der Abbau von nicht mehr benötigten

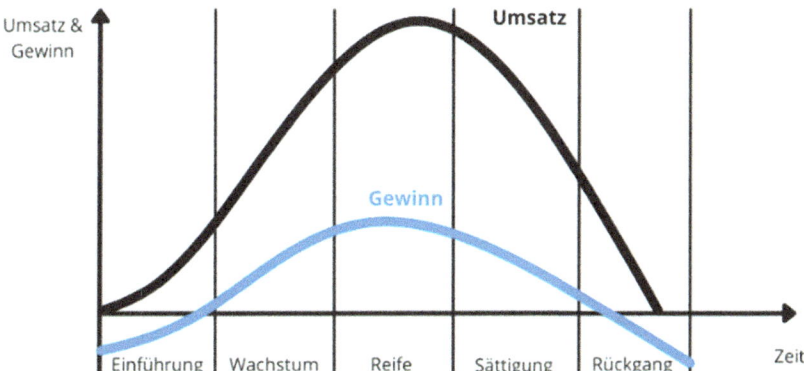

Abb. 6.2 Die fünf Phasen des Produktlebenszyklus. (Quelle: Ursprünglich entwickelt von Raymond Vernon, *International Investments and International Trade in the Product Life Cycle*, in: Quarterly Journal of Economics 80 (2), 1966, S. 190–207)

Phase des PLZ / Charakteristika	Einführung	Wachstum	Rückgang	Abschwung
Absatz	Langsames Wachstum	Schnelles Wachstum	Abnehmendes Wachstum	Fallend
Produktdeckungsbeitrag	Negativ	Wechsel ins Positive	Abschwächend positiv bis rückläufig	Fallend
Kunden	Innovatoren	Frühe Imitatatoren und frühe Mehrheit	Späte Mehrheit	Nachzügler
Wettbewerber	Wenige	Zunehmend	Zahlreich	Rückläufige Zahl
Strategischer Fokus	Marktexpansion	Marktdurchdringung	Verteidigung von Marktanteilen	Rationalisierung und Kostenmanagement

Abb. 6.3 Die ersten vier Phasen des Produktlebenszyklus (PLZ) mit Charakteristika. (Quelle: in Anlehnung an Bagozzi/Rosa/Celly/Coronel (2000, S. 537–538))

Produktionskapazitäten und das Verramschen der Restbestände unter Produktionskosten, führen wieder zu einem negativen Deckungsbeitrag.

Dies ist der idealtypische Produktlebenszyklus, wie man ihn in jedem BWL- oder Marketingbuch auch findet. Es gibt auch ganz andere Verläufe der Produktlebenszykluskurve. Der angenehmste ist natürlich, wenn die Reifephase gefühlt ewig dauert und zur Geraden wird. So etwas findet man häufig in der Lebensmittelbranche. Bei Cornflakes habe ich das Gefühl, dass es so sein müsste. Es gibt auch Zickzack-Kurven. Saisonale Produkte können einen solchen Verlauf haben. Ferrero nimmt Rocher und Mon Cherie im Mai vom Markt (wegen der Sommerhitze, die die Pralinen schmelzen würde) und wirbt sie mit hohem Werbeaufwand im September wieder in den Markt.

Abb. 6.3 zeigt die ersten vier Phasen der Produktlebenszykluskurve mit ihren Charakteristika.

Die Economies of Scale und die Produktlebenszykluskurve bilden die Grundlage für die Portfolioanalyse.

6.3 Portfolioanalyse

Aus den Economies of Scale und der Produktlebenszykluskurve (PLZ) ergibt sich, dass zwei Faktoren eine entscheidende Bedeutung für die Strategische Planung von Produkten, Produktgruppen oder strategischen Geschäftseinheiten (je nach Unternehmensgröße) haben.

6.3 Portfolioanalyse

Es ist das **Marktwachstum**. Dieser Wert ist absolut zu sehen und stellt die Phase 2 der Produktlebenszykluskurve dar. Hier wird der Markt betrachtet ohne Berücksichtigung des eigenen Unternehmens. Beim zweiten Faktor, dem **Relativen Marktanteil,** handelt es sich um eine Vergleichszahl. Hier werden die Produkte, Produktgruppen oder strategische Geschäftseinheiten in Relation zu den Wettbewerbern betrachtet. Dies ist aus den Economies of Scale abgeleitet und behandelt die Frage, ob man dadurch, dass man schon länger am Markt ist oder mehr Erfahrung hat als die Mitbewerber, relative Wettbewerbsvorteile hat.

Mit den Kreisen in Abb. 6.4 werden die Produkte, Produktgruppen oder strategische Geschäftseinheiten dargestellt. Die Wahl ist abhängig von der Unternehmensgröße. In einem kleinen Unternehmen können es einzelne Produkte sein, in einem Weltunternehmen werden es strategische Geschäftseinheiten sein. Hier sind Modelldenken und Abstraktionsfähigkeit erforderlich. Die Größe der Kreise kann zum Beispiel davon abhängen, wie wichtig dieses Produkt, diese Produktgruppe oder strategische Geschäftseinheit für das Unternehmen ist. Der evolutionäre Pfad, auf dem sich die Produkte durch die Portfoliomatrix bewegen, ist wie folgt: Ein neues Produkt, das sich in Phase 2 der befindet, ist oben links im Quadrat Fragezeichen positioniert. Es ist geprägt durch hohes Wachstum und steigende Gewinne. In Phase

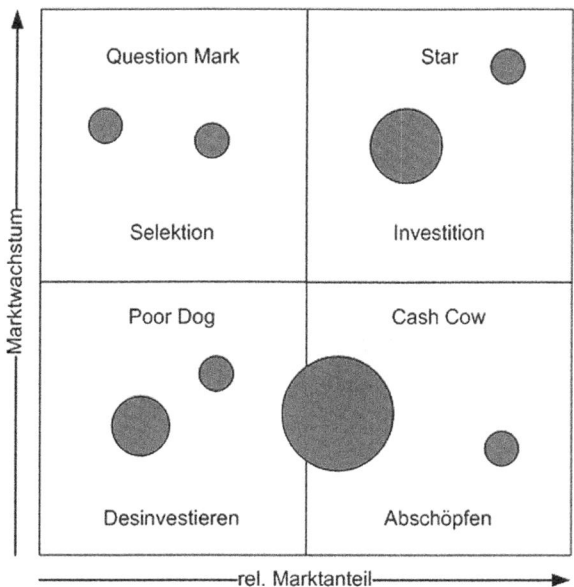

Abb. 6.4 Die Portfolioanalyse (Vier-Felder-Matrix). (Quelle: in Anlehnung an Bagozzi/Rosa/Celly/Coronel (2000, S. 537–538))

3 der PLZ kommt das Produkt in das Quadrat der „Stars" oben rechts. Man muss nicht mehr viel investieren und hat auch dadurch hohe Gewinne. Ist der Markt gesättigt, oder gibt es Nachfolgeprodukte (Phase 4 der PLZ) werden das Wachstum, der Umsatz und auch der Gewinn zurückgehen. Es ist das Quadrat, in dem sich die Melkkühe befinden. Man nimmt noch mit, was man bekommen kann, investiert aber nichts mehr. Danach kommt im 4. Quadrat die Phase, in der man Restbestände verramscht und Produktionen stilllegen muss. Es ist die Phase der armen Hunde.

Die Portfolioanalyse war das erste strukturierte Analyseinstrument, das multivariat aufgebaut war. Es werden das eigene Unternehmen darin und die eigenen Produkte berücksichtigt, die Wettbewerber und deren Produkte, die Zeitachse über viele Jahre und die Bedeutung einzelner Produkte, Produktgruppen oder strategische Geschäftseinheiten. Das Ganze in einer zweidimensionalen Darstellung. Die Portfolioanalyse hat die strategische Unternehmensplanung revolutioniert. Sie wurde in der Folgezeit weiterentwickelt zur 9-Felder-Portfolioanalyse, mit allerdings veränderter Zielrichtung. Es wurden populärwissenschaftliche Darstellungen entwickelt wie in Abb. 6.5.

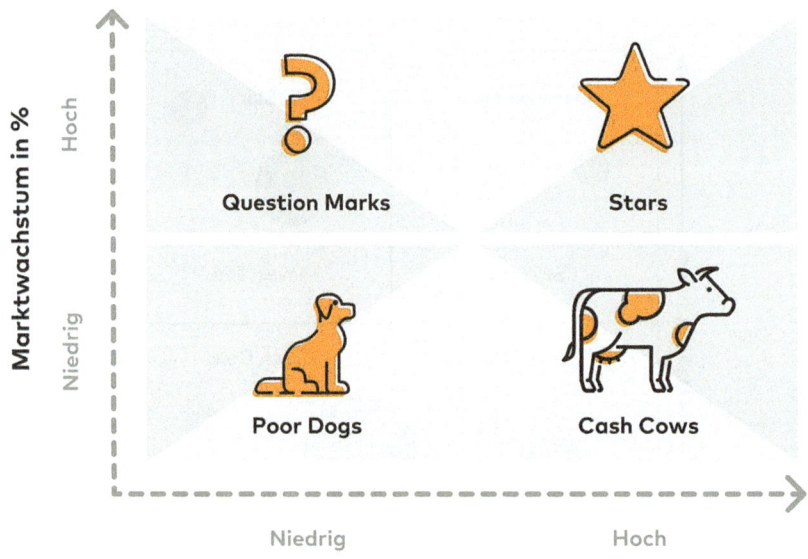

Abb. 6.5 Eine populäre Darstellung der Portfolioanalyse. (Quelle: https://www.controllingportal.de/Fachinfo/Grundlagen/Portfolio-Analyse-Vier-Felder-Matrix.html)

Abb. 6.6 Human-Resources-Portfolio. (Quelle: Dietmar Vahs/Jan Schäfter-Kunz, Einführung in die Betriebswirtschaftslehre, Seite 142)

Die Portfolioanalyse wurde auch eingesetzt und variiert in Bereichen, für die sie ursprünglich nicht gedacht war, wie die Darstellung in Abb. 6.6 zur Bewertung seiner Mitarbeiter zeigt.

6.4 Die PIMS-Studie (Profit Impact of Market Strategies)

Die PIMS-Studie ist ein US-amerikanisches Programm der Strategieforschung bzw. Erfolgsfaktorenforschung. PIMS ist die Abkürzung für Profit Impact of Market Strategies, bedeutet also die Auswirkungen von Marketingstrategien auf den Gewinn.

Das PIMS-Konzept wurde bei General Electric in den 1970er-Jahren entwickelt. Seitdem wird es vom Strategic Planning Institute (SPI) in Cambridge fortgeführt. Mittlerweile hat sich eine Beratung, mit Niederlassungen in Europa (London, St. Gallen, Köln) entwickelt.

Spezifische Zielsetzung des PIMS-Programms ist die großzahlige empirische Erforschung der „Laws of the market place". Regressionsanalytisch wird nach den Erfolgsfaktoren gesucht, die die Rentabilität in Form des Kapitalrückflusses (Return on Investment – ROI), am weitestgehenden erklären (37 Faktoren erklären ca. 70 % der Varianz des ROI). Merkmalsträger sind ca. 3000 Geschäftseinheiten von über

450 Mitgliedsunternehmen. Sie nutzen die PIMS-Datenbank meist für vergleichende Analysen ihrer eigenen Geschäftseinheiten mit strukturell ähnlichen. Diese 450 Unternehmen liefern jährlich alle Daten, die für diese Analyse benötigt werden. Auch Dr. Wendelin Wiedeking nahm mit Porsche an diesen Studien teil.

„Wir arbeiten seit vielen Jahren mit PIMS und nutzen das Verfahren zur Analyse des Customer Value immer wieder, um unsere Marktorientierung weiter voranzubringen. Daneben hat uns strategisches Benchmarking unserer Geschäfte sehr geholfen, die Schwachstellen in den wirklich relevanten Erfolgsfaktoren zu identifizieren und Ansätze für die Optimierung zu finden. Wir werden das Know-how und die Datenbasis von PIMS weiter regelmäßig nutzen." (W. Wiedeking (Porsche) in „Anders ist besser", Piper Verlag, München 2006)

Durch die PIMS-Studie wurden Faktoren herausgefunden, die Einfluss auf den Erfolg eines Unternehmens haben. Zu den wichtigsten darunter zählen:

- Marktanteil
- Marktwachstum
- Investitionsintensität
- Produktivität
- Innovation
- Produktqualität

Die Messung des Erfolgs wird bei der PIMS-Studie durch die Rentabilität und den Cashflow einer Geschäftseinheit quantifiziert. Die Rentabilität wird im PIMS durch den (ROI) ausgedrückt.

Die Studie hat ergeben, dass der Marktanteil und das Marktwachstum Haupteinflussfaktoren auf den ROI sind. Dies sind auch die Kriterien der Portfolioanalyse. Hohe Qualität hat ebenfalls einen positiven Einfluss auf die Rentabilität (vgl. https://www.betriebswirtschaft-lernen.net/elaerung/pims-Studie/).

Resümee 7

Wirtschaftlicher Erfolg ist nur multivariat zu erreichen. Zu den vielen Kriterien für wirtschaftlichen Erfolg gehören natürlich auch Hard Skills oder anders ausgedrückt: Faktenwissen. Das pure Erlernen von Faktenwissen ist natürlich kein Erfolgsgarant. Studentinnen oder Studenten mit guten Studienabschlüssen haben nicht zwangsläufig auch Erfolg im Beruf. Es kommt darauf an, die erlernten Wissensbausteine in einem Gesamtzusammenhang betrachten zu können. Die holistische Gesamtsicht oder, wie der Volksmund sagen würde, „die Vogelperspektive" ist wichtiger als jedes Detail. Wissenschaftlich kann man hier auch von „Reflexion" sprechen. Man verlässt mental die Details, begibt sich auf eine höhere Ebene und betrachtet alles von außen.

Dafür ist es fast unerlässlich, in Modellen denken zu können, somit zu vereinfachen und abstrahieren zu können. Dies ist wichtiger als jedes auswendig gelernte Detailwissen.

Aber all das nutzt nicht viel, wenn man nicht in der Lage ist, sein Know-how zu „verkaufen" und die Hebel von Macht und Einfluss erfolgswirksam einzusetzen. (Rückblick: Ab einer gewissen Hierarchieebene ist es ganz egal, was sie studiert haben. Dann kommt es auf andere Dinge an.) Dies habe ich in den Kap. 5 und 6 behandelt.

Betriebswirtschaftliche Realtheorien zeigen auf, welche Kriterien aus der Vergangenheit Einfluss auf den Erfolg der Zukunft haben können. In meiner dreißigjährigen Berufserfahrung an einer Hochschule habe ich festgestellt, dass die empirischen Erkenntnisse der Realtheorien leider sowohl im Curriculum der Hochschulen als auch in der Literatur zu kurz kommen.

▶ Wenn man all das weiß und berücksichtigt, steht dem wirtschaftlichen Erfolg nichts mehr im Wege.

Bedenksprüche

Zum Erfolg gibt es keinen Lift.
Man muss die Treppe benutzen

Nur wer selbst brennt,
kann Feuer in anderen entfachen

Wer kämpft, kann verlieren.
Wer nicht kämpft, hat schon verloren

Wer in den Fußspuren anderer wandelt,
kann keine eigenen Wege finden
(alter Indianerspruch)

SPRINGER NATURE

GPSR Compliance

The European Union's (EU) General Product Safety Regulation (GPSR) is a set of rules that requires consumer products to be safe and our obligations to ensure this.

If you have any concerns about our products, you can contact us on ProductSafety@springernature.com

In case Publisher is established outside the EU, the EU authorized representative is:

Springer Nature Customer Service Center GmbH
Europaplatz 3
69115 Heidelberg, Germany

The manufacturer's authorised representative in the EU is Springer Nature Customer Service Centre GmbH, Europaplatz 3, 69115 Heidelberg, Germany. If you have any concerns regarding our products, please contact ProductSafety@springernature.com

Printed and bound by CPI Group (UK) Ltd, Croydon, CR0 4YY

25/03/2026

02078188-0010